CELEBRANDO MÉXICO | CELEBRATING MEXICO

CELEBRATING MEXICO

The Grito de Dolores and the Mexican Revolution
1810 | 1910 | 2010

Celebrando México: El Grito de Dolores y la Revolución
1810 | 1910 | 2010

CATALOGUE OF CONCURRENT EXHIBITIONS

The Bancroft Library | University of California, Berkeley
2 September 2010 – 14 January 2011

Cecil H. Green Library | Stanford University
20 September 2010 – 16 January 2011

ISBN 0-911221-44-1

This catalogue has been published jointly by the Stanford University Libraries and The Bancroft Library, University of California, Berkeley, in conjunction with the concurrent exhibitions "Celebrating Mexico."

The Bancroft Library
University of California, Berkeley
2 September 2010 – 14 January 2011

Peterson Gallery & Munger Rotunda, Green Library
Stanford University, Stanford, California
20 September 2010 – 16 January 2011

Essays by Ivonne del Valle and Margaret Chowning copyright ©2010 The Regents of the University of California

Essay by Jorge Ruffinelli copyright ©2010 Jorge Ruffinelli

EXHIBITION CURATORS:

Theresa Salazar & Jack von Euw | The Bancroft Library
Adán Griego | Stanford University Libraries

EDITOR: Charles Faulhaber | The Bancroft Library

DESIGNER: Elizabeth Fischbach | Stanford University Libraries

The lettering on the cover and title page is based on wood type purchased in Mexico in the early 1970s by Carolyn and James Robertson, who transported it on top of their car to Northern California, where they put it to use at The Yolla Bolly Press for more than thirty years. The type is among several complete wood type alphabets from the press that are now in the collections of the Stanford University Libraries.

The text face is Mexica, designed by Gabriel Martínez Meave at Kimera Type Foundry in Mexico City. Kimera is devoted to the creation of original typefaces that pay homage to Mexican and Latin American heritage.

PRINTING: Capital Offset, Concord, New Hampshire

FRONTISPIECE: Cover art for a 1910 Independence Centennial music score dedicated to Justo Sierra, Minister of Public Instruction and Fine Arts. Stanford checklist 22

CREDITS AND PERMISSIONS:

Page 26: *Memorias de un mexicano* film poster ©Fundación Toscano, reproduced by permission of Fundación Toscano.

Page 58: Photograph of Luis Medina, Tomasa Camacho de Medina, and child reproduced by permission of Ester Hernandez.

Page 59: Photograph of Juan Felipe Herrera's grandmother and aunt reproduced by permission of Juan Felipe Herrera.

Page 73: Photograph of bell by Douglas Sandberg.

Page 79: Photograph of Emiliano Zapata by Hugo Brehme, Inv. #63464, reproduced by permission of Fondo Casasola, SINAFO-Fototeca Nacional del INHA.

Page 79: "Mujer Zapatista" ©Jesús Barraza, reproduced by permission of the artist.

CONTENIDO | CONTENTS

6 Prólogo | Foreword for the Stanford University Libraries
ROBERTO G. TRUJILLO

8 Prólogo | Foreword for The Bancroft Library
CHARLES B. FAULHABER

11 La "Independencia" de México en 2010
Mexican "Independence" in 2010
IVONNE DEL VALLE | UNIVERSITY OF CALIFORNIA, BERKELEY

17 La Revolución Mexicana en 2010
The Mexican Revolution in 2010
MARGARET CHOWNING | UNIVERSITY OF CALIFORNIA, BERKELEY

25 Adiós a las Armas: La Revolución Mexicana en la pantalla
A Farewell to Arms: The Mexican Revolution on Screen
JORGE RUFFINELLI | STANFORD UNIVERSITY

29 Imágenes: La Guerra de Independencia
Gallery: The War of Independence

37 Imágenes: La Revolución Mexicana
Gallery: The Mexican Revolution

63 Exhibition Checklist: The Bancroft Library

73 Exhibition Checklist: The Stanford University Libraries

Prólogo | Foreword
for The Stanford University Libraries

"Celebrando México" es en gran medida un esfuerzo de colaboración de The Bancroft Library de la Universidad de California, Berkeley, y el Departamento de Colecciones Especiales de las Bibliotecas de la Universidad de Stanford. Tanto la Universidad de Stanford como la de California en Berkeley son instituciones de prestigio internacionalmente reconocidas en el ámbito de la investigación y la enseñanza en todos los aspectos de la historia y la cultura mexicana. Las colecciones sobre México de las bibliotecas de Berkeley y Stanford están a la par de las mejores del mundo.

Una característica muy importante de cualquier gran biblioteca de investigación es su capacidad para apoyar proyectos a nivel doctoral y posdoctoral. Los profesores y estudiantes de Berkeley y Stanford, así como otros estudiosos que han utilizado las colecciones de estas bibliotecas, han estado a la vanguardia de la erudición y han publicado innumerables obras de investigación. México ha sido durante mucho tiempo, y probablemente lo seguirá siendo para las generaciones venideras, una importante área de investigación y de interés pedagógico; así que esperamos que las colecciones de las bibliotecas continúen creciendo.

Las exposiciones y el catálogo que aquí presentamos conmemoran hitos de singular importancia en la historia de México que ilustran, quizás como ningún otro evento en la historia lo ha hecho, la autodeterminación y la identidad del pueblo mexicano. Nos complace tener esta oportunidad de exponer materiales de las colecciones de las Bibliotecas de la Universidad de Stanford que en efecto celebran México, desde el Grito de Dolores hasta la Revolución Mexicana y más allá.

La exposición de Stanford no habría sido posible sin la dedicación y el compromiso de Adán Griego, Curator for Latin American, Mexican American, and Iberian Collections. Su investigación de los fondos, la selección que de ellos ha hecho y los textos que ha escrito, tanto

"Celebrating Mexico" is very much a collaborative effort of The Bancroft Library of the University of California, Berkeley, and the Department of Special Collections of the University Libraries at Stanford University. Both institutions have international stature for their research and teaching on all aspects of Mexican history and culture, and their libraries collectively hold materials on Mexico that rival those anywhere in the world.

An important measure of any research library is its capacity to support doctoral and post-doctoral level research and publishing. Graduate students, faculty, and independent scholars using the Mexican collections at Stanford and Berkeley are at the forefront of scholarship, and over the years have produced dissertations and published scholarly books too numerous to mention here. Mexico has long been, and will likely be for generations to come, a major area of research and teaching interest, and we expect that our collections will only continue to grow.

The concurrent exhibitions and this catalogue commemorate singularly important milestones in Mexico's history that illustrate, perhaps as no other events in its history have, the self-determination and identity of the Mexican people. We are pleased to have the opportunity to showcase many of the materials in the Stanford University Libraries' collections that indeed celebrate Mexico, from the *Grito de Dolores* to the Mexican Revolution and beyond.

The exhibition at Stanford would not have been possible save for the dedication and commitment of Adán Griego, Curator for Latin American, Mexican American, and Iberian Collections. Adán's research, selection, and writing for both the exhibition and the catalogue reflect his expertise and passion for his work. Elizabeth Fischbach, exhibitions designer and manager, worked ever so closely with Adán and the team from The Bancroft

para la exposición como para el catálogo, reflejan la experiencia de Adán y la pasión que pone en su trabajo. Elizabeth Fischbach, diseñadora y directora de exposiciones, ha trabajado en estrecha colaboración con Adán y el equipo de la Biblioteca Bancroft para llevar el catálogo a la imprenta. Su diseño del catálogo, así como el de la exposición de Stanford, reflejan un profesionalismo y compromiso que han producido excelentes resultados. De igual manera, su capacidad de organización y sus habilidades editoriales han sido reconocidas por todos los involucrados en este proyecto.

Otros muchos han prestado generoso apoyo a las exposiciones y catálogos impresos: El Honorable David Figueroa, Cónsul General de México en San José, California; José E. Loreto, Cónsul Adscrito de México en San José, California; Jonathan Chait Auerbach, Agregado Cultural del Consulado General de México en San Francisco, California; Alfonso Vijil, Jim Nikas, Lourdes Portillo, Ester Hernández, Juan Felipe Herrera, Raúl Villa Nava y Sandra Ríos Balderrama. También deseamos dar las gracias al profesor Jorge Ruffinelli de Stanford por su ensayo y al estudiante de doctorado de Stanford Cuauhtémoc García García por su ayuda con las traducciones. Everardo Rodríguez, Stuart Snydman, Wayne Vanderkuil, Ryan Max Steinberg, Glen Worthey y el personal de Colecciones Especiales prestaron un apoyo inestimable para Adán Griego y el proyecto en su totalidad. Los colegas del Archivo del Instituto Hoover, en particular, Brad Bauer, Martina Podsklanova, y Lisa Nguyen, fueron de gran ayuda para obtener materiales de sus ricas colecciones. Por último, pero no menos importante, agradecemos la colaboración de nuestros colegas de la Biblioteca Bancroft, el Dr. Charles Faulhaber, Teresa Salazar, y Jack von Euw.

ROBERTO G. TRUJILLO
Frances & Charles Field Curator of Special Collections and Head, Department of Special Collections

Traducido por Cuauhtémoc García García

Library to shepherd the catalogue into print. Her design of the catalogue, as well as the exhibition for Stanford, reflect a professionalism and commitment that have produced excellent results, and her organizational, design, and editorial skills were appreciated by all involved in the project.

Many others provided gracious assistance and generous support for the exhibitions and print catalogue: The Honorable David Figueroa, Consul General of Mexico in San Jose, California; José E. Loreto, Deputy Consul General of Mexico in San Jose; Jonathan Chait Auerbach, Cultural Attaché at the Consul General's Office for Mexico in San Francisco; Alfonso Vijil, Jim Nikas, Lourdes Portillo, Ester Hernandez, Juan Felipe Herrera, Raúl Nava Villa, and Sandra Ríos Balderrama. We also thank Professor Jorge Ruffinelli of Stanford for his essay, and Stanford graduate student Cuauhtémoc García García for his assistance with translations. Everardo Rodríguez, Stuart Snydman, Wayne Vanderkuil, Ryan Max Steinberg, Glen Worthey, and the staff from Special Collections were tremendously supportive of Adán Griego and the project overall. Librarians at the Hoover Institution Library and Archives, in particular Brad Bauer, Martina Podsklanova, and Lisa Nguyen, were most helpful in securing materials from their rich collections. Last but not least, we thank our colleagues from The Bancroft Library, Dr. Charles Faulhaber, Theresa Salazar, and Jack von Euw for joining us in this collaboration.

ROBERTO G. TRUJILLO
Frances & Charles Field Curator of Special Collections and Head, Department of Special Collections

Prológo | Foreword for The Bancroft Library

Me alegra sobremanera que la colaboración entre The Bancroft Library y The Stanford University Libraries haya producido esta magnífica exposición sobre la historia de México, un interés permanente de la Bancroft desde los primeros años de coleccionismo de Hubert Howe Bancroft después de 1860.

Una vez que Bancroft se dedicara a la documentación de la historia y desarrollo del nuevo estado de California, se le hizo muy claro que tendría que documentar también la historia de México. Las primeras adquisiciones importantes en este sentido le vinieron de los materiales sustraídos de México después de la ejecución del Emperador Maximiliano en 1867. Dos años después Bancroft adquirió 3.000 tomos en la subasta de la colección del bibliófilo José María Andrade; y en 1880, cuando se subastó en Londres la colección del primer presidente del gobierno de Maximiliano, José Fernando Ramírez, Bancroft adquirió casi 1.300 lotes por $30.000–$600.000 en términos de hoy. Estas colecciones fueron enormemente importantes para documentar tanto la historia colonial de México como la de la Guerra de Independencia. Un poco después, en 1883, Bancroft hizo su primer viaje a México, donde, además de sus actividades coleccionistas, pudo conocer al presidente Porfirio Díaz. Se reunió con Díaz otra vez en 1891, esta vez acompañado de su esposa, Matilda Griffing Bancroft, cuyo simpático diario ofrece una narrativa vivaz del viaje.

Después que la University of California adquirió The Bancroft Library en 1906, la historia de México siguió siendo un foco importante de la colección. Ya por 1911, a la instancia del profesor Herbert Bolton, que había llegado a Berkeley procedente de Stanford, la Bancroft se embarcó en un programa ambicioso de transcripción y luego de microfilmación de los archivos históricos más importantes, en particular el Archivo de Indias en Sevilla y el Archivo General de la Nación de México. Esta actividad recopilatoria continuó

I am delighted that the collaboration between The Bancroft Library and the Stanford University Libraries has produced such a wonderful exhibition on the history of Mexico, an abiding interest for Bancroft since the very first years of Hubert Howe Bancroft's collecting activities in the 1860s.

Once Bancroft committed himself to documenting the history and development of the new state of California, it became clear to him that he also had to do the same thing for Mexico. The first major acquisitions came from the materials spirited out of Mexico after the execution of Emperor Maximilian in 1867. Bancroft acquired 3,000 volumes at the 1869 auction of the collection of bibliophile José María Andrade. In 1880, when the collection of the first president of Maximilian's government, José Fernando Ramírez, went on the auction block in London, Bancroft acquired almost 1,300 items for $30,000–$600,000 in today's terms. These collections were enormously important for documenting Mexico's colonial history as well as the War of Independence. Shortly afterwards, in 1883, Bancroft made his first trip to Mexico, where, in addition to his collecting activities, he was entertained by Mexican president Porfirio Díaz. He met with Díaz again on his 1891 trip, on which he was accompanied by his wife, Matilda Griffing Bancroft, whose chatty diary gives a lively account of the trip.

After the University of California acquired The Bancroft Library in 1906, Mexican history continued to be a major collecting focus. As early as 1911, at the urging of Professor Herbert Bolton, who came to Berkeley from Stanford, Bancroft embarked on an aggressive program of transcription and then of microfilming archival collections, particularly in the Archivo de Indias in Seville and Mexico's Archivo General de la Nación. This activity continued for more than fifty years under the directorships of Bolton and his student George Hammond, like Bolton a professor of Latin American history at Berkeley.

durante más de cincuenta años bajo la dirección de Bolton y de su alumno y sucesor como director de la Bancroft, George Hammond, quien fue, como Bolton, profesor de historia latinoamericana en Berkeley.

De suma importancia para los últimos años del régimen de Díaz, el *Porfiriato*, y la Revolución Mexicana es el archivo de Silvestre Terrazas (1873–1944), miembro de una distinguida familia del norte de México y editor de *El Correo de Chihuahua*. Implicado profundamente en la política antes y después de 1910, Terrazas fue encarcelado tres veces y pasó años exiliado en Estados Unidos.

Todo esto explica por qué la Bancroft es un lugar maravilloso para llevar a cabo investigaciones sobre cualquier aspecto de la historia y sociedad mexicanas, desde la época de la conquista en el siglo XVI hasta el presente, como lo han experimentado generaciones de estudiosos. Lo que ponemos a la vista en esta exposición es una mera muestra de las riquezas de la Bancroft.

Además de los individuos e instituciones reconocidos en el Prólogo de Roberto Trujillo, quisiera agradecer fervorosamente a Teresa Salazar, Curator of Western Americana and Latin Americana, y Jack von Euw, Pictorial Curator, por la astuta selección de materiales para la exposición en la Bancroft. Fueron auxiliados hábilmente por los investigadores pos-graduados Alejandra Dubcovsky, Dylan Esson, y Paul Ramírez. Quisiera agradecer también a la Registradora Lorna Kirwan por su eficacia en controlar esos materiales y a Dan Johnson por su pericia fotográfica. Los ensayos de mis colegas Margaret Chowning (Department of History) sobre la historia de la Revolución Mexicana y de Ivonne del Valle (Department of Spanish and Portuguese) sobre la Independencia de México son pequeños milagros de elegancia. Gordon Chun ha llevado a cabo la tarea de diseñar la exposición con su acostumbrada imaginación y sensibilidad.

CHARLES B. FAULHABER

The James D. Hart Director
The Bancroft Library

Of particular importance for the last years of the regime of Díaz, the *Porfiriato*, and the Mexican Revolution are the papers of Silvestre Terrazas (1873–1944), a member of a distinguished family from northern Mexico and the publisher of *El Correo de Chihuahua*. Terrazas, deeply involved with politics before and after 1910, was imprisoned three times and spent years in exile in the United States.

All of which is to say that Bancroft is a wonderful library in which to conduct research on all aspects of Mexican history and society, from the immediate post-conquest days in the sixteenth century to the present, as generations of scholars have learned. What we display in this exhibition is the merest hint of Bancroft's riches.

In addition to the individuals and institutions recognized in Roberto Trujillo's foreword, I would like to thank Theresa Salazar, Curator of Western Americana and Latin Americana, and Jack von Euw, Pictorial Curator, for their canny selection of materials for Bancroft's portion of the exhibition. They were ably assisted by graduate student researchers Alejandra Dubcovsky, Dylan Esson, and Paul Ramírez. I would also like to thank Registrar Lorna Kirwan for tracking those materials with her accustomed efficiency, and Dan Johnson for his photographic skills. The essays of my colleagues Margaret Chowning (Department of History) on the history of the Mexican Revolution and of Ivonne del Valle (Department of Spanish and Portuguese) on Mexican Independence are small miracles of graceful concision. Gordon Chun has performed his usual sensitive and imaginative job of exhibition design.

CHARLES B. FAULHABER

The James D. Hart Director
The Bancroft Library

Hidalgo.

Curé des Dolores. Dans son costume de guerre, proclamant l'indépendance du Mexique (Fusillé le 1.er Août 1811.) d'après un tableau original.

La "Independencia" de México en 2010
Mexican "Independence" in 2010

Gracias a las múltiples batallas militares e ideológicas peleadas desde 1810 y hasta 1821, México se independiza de España luego de haber sido una de sus colonias durante 300 años.

La Independencia presenta varias opciones de lectura en sus implicaciones para un proyecto nacional. Para algunos, la ruptura con España simboliza el inicio de la nación: la posibilidad de una soberanía, un territorio y un gobierno que por fin se pudieran llamar propios. Para quienes piensan así, el México que surge del conflicto armado sería una entidad política distinta a la que existía antes. Por otra parte, Octavio Paz nos recuerda que la Independencia ha sido vista también como la *restitución* de una legitimidad interrumpida por la usurpación española. El fin de la colonia permitiría así la vinculación de lo indígena prehispánico con la vida independiente como dos polos de una continuidad atropellada, pero finalmente restablecida.

Otros matizarían el entusiasmo recordando que esta guerra se peleó por dos grupos muy distintos—los criollos por un lado y, por otro, indígenas y otros grupos subalternos—que perseguían intereses divergentes e incluso opuestos. No hay que olvidar que antes de decidirse en un sentido limitado (una lucha contra la explotación extranjera) hubo momentos en que el movimiento estuvo a punto de convertirse en una guerra total de castas y de clases. Desde esta perspectiva, México y los mexicanos no emergen súbitamente con la Independencia, pese a la cual no existían condiciones, ideas u objetivos que lograran dar coherencia y unidad a poblaciones que nada compartían sino la presencia en un mismo territorio. El que los grupos criollos—y de entre ellos una facción por demás conservadora—asumieran el poder después de la expulsión de los españoles problematiza aún más una interpretación triunfalista del movimiento.

Lo que es un hecho es que España es obligada a ceder el dominio y soberanía

Thanks to the numerous military and ideological battles fought between 1810 and 1821, Mexico gained its independence from Spain after having been one of its colonies for 300 years.

The implications of Independence for a nation-building project can be read in various ways. For some, the rupture with Spain symbolizes the beginning of the nation: the possibility, at long last, of a sovereignty, a territory, and a government that could be called the people's own. For those with this view, the Mexico that emerged from the armed conflict was a distinct political entity from that which existed previously. At the same time, Octavio Paz reminds us that Independence has also been seen as the *restitution* of a legitimacy interrupted by the Spanish usurpation. The end of the colony thus links the pre-Hispanic indigenous world with independent Mexico as two poles of a broken but ultimately restored continuity.

Others would temper the enthusiasm by pointing out that the War of Independence was fought by two very distinct groups—on the one hand Creoles (Mexico-born descendants of Spaniards), and on the other Indians and other subaltern groups—pursuing divergent and even contrary ends. We should not forget that before the movement crystallized around a narrow purpose (the struggle against foreign exploitation) it was on the verge of becoming a total war of classes and castes. From this perspective, Mexico and Mexicans did not emerge overnight with Independence, since there did not exist the conditions, ideas, or objectives that would unify populations that shared no more than the same territory. The fact that Creole groups—and among them, a very conservative faction—assumed power after the expulsion of the Spaniards further taints a triumphalist interpretation of the independence movement.

In any case, Spain was obliged to cede dominion and sovereignty over a vast territory it had violently conquered

OPPOSITE: Miguel Hidalgo y Costilla (1753–1811), a well-educated priest from the town of Dolores, now Dolores Hidalgo, has been called the father of modern Mexico for his role in the Wars of Independence. On September 16, 1810, Hidalgo issued his *Grito*, a call to arms in defense of the Catholic faith and against bad government. In Claudio Linati's 1828 depiction, Hidalgo's profession and cause are represented by a cross held aloft. Bancroft checklist 22

sobre enormes territorios que a partir de 1519 había ido conquistando y explotando violentamente. Esto es un logro importante, obtenido además a un elevado coste—muestra de ello es la larga procesión de líderes fusilados durante los años de lucha (Allende, Aldama, Hidalgo, Matamoros, Morelos, Mina), y, sobre todo, los miles de hombres y mujeres anónimos que perdieron la vida peleando contra quienes consideraban sus enemigos. Sin minimizar el significado de este hecho, hay que cuestionar, sin embargo, el sentido de la Independencia tal como aparecía a fines de 1821 y el que puede tener hoy en día para un país perennemente en "vías de desarrollo" y bajo el marco de un capitalismo globalizado.

Debemos recordar, por ejemplo, que la abolición de la esclavitud y del pago de tributos, la entrega de tierras a campesinos y las declaraciones de igualdad entre todos los miembros de la ex-colonia (indígenas, ex-esclavos, criollos, castas), centrales en los manifiestos de Hidalgo y Morelos, se diluyen hasta desaparecer en la versión tibia y llena de compromisos de Iturbide, quien en 1821 lleva el movimiento a su "triunfo". En el *Plan de Iguala*, Iturbide hace de la ruptura con España una simple cuestión de mayoría de edad: el

and exploited since 1519. This is an important victory, and one won at a high cost—demonstrated by the procession of leaders (Allende, Aldama, Hidalgo, Matamoros, Morelos, Mina) executed during the struggle, and, especially, by the tens of thousands of anonymous men and women who lost their lives fighting against those whom they considered enemies. Without diminishing the significance of this achievement, it is nonetheless necessary to question the meaning of Independence as it appeared in 1821 and its implications today for a country that is perennially still "developing" within the framework of globalized capitalism.

We should remember, for example, that the abolition of slavery and the payment of tribute, the transfer of land to peasants, and the declarations of equality among all members of the ex-colony (Indians, ex-slaves, Creoles, castes), which were central to the manifestos of Hidalgo and Morelos, were diluted to the point of disappearing in the lukewarm, compromised plan of Iturbide, who in 1821 led the movement to its "triumph." In the *Plan de Iguala*, Iturbide reduced the break with Spain to a simple question of adulthood: the child was leaving home but preserved his gratitude, "respect and veneration" toward the

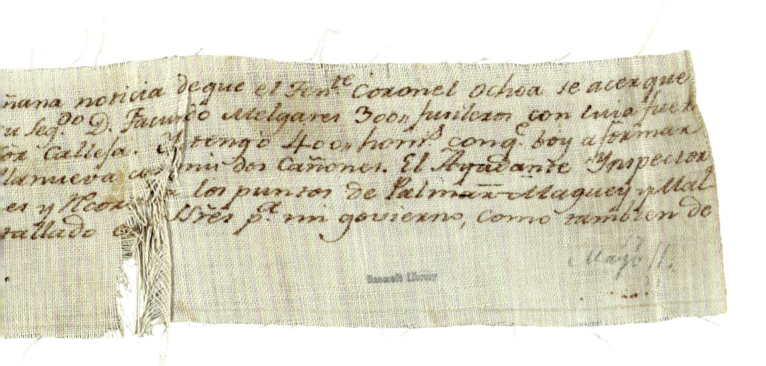

hijo se iba de casa, pero conservaba el agradecimiento, "respeto y veneración" por la nación "heroica y magnánima" que supuestamente lo había educado y enriquecido. La Independencia daba con esto un vuelco para convertirse en nostalgia y voluntad por un orden perdido, por ese "pueblo de las delicias" trastocado por "el desorden" y "los vicios" de la lucha, según Iturbide.

Por esto parece absurdo pensar que la Independencia pudiera significar una *reconquista* o *restitución*. Sería igualmente disparatado considerarla como la instauración de un régimen "nuevo". La ausencia de los grupos más desposeídos de los planes para la nación fue aún más notoria a partir de la reafirmación, en Iguala, de las "dulces cadenas" que seguían uniendo a los caudillos de la nueva nación con el orden iniciado en 1521 por los conquistadores españoles.

La precaria situación de la enorme mayoría de los grupos indígenas hasta nuestros días es evidencia de que no se ha restituido nada y que, por el contrario, sus recursos y sus territorios siguen siendo explotados a nombre de una mayoría por la que deben sacrificarse. El levantamiento zapatista de 1994, el incumplimiento de los acuerdos

"heroic and magnanimous" nation that had supposedly raised, educated, and enriched him. With this, Independence was redefined as a nostalgic desire to recover a lost order, what Iturbide saw as that "delightful country" upset by the "disorder" and "depravity" of the armed conflict.

From this perspective, it seems absurd to see Independence as a *reconquest* or *restitution*, and equally so to see it as the establishment of a "new" regime. The absence of the most dispossessed groups from the plans for the nation was even more glaring given the reaffirmation, in Iguala, of the "sweet chains" that continued to link the *caudillos* of the new nation with the order begun by the Spanish conquerors in 1521.

The precarious conditions under which the great majority of indigenous groups continue to live today demonstrate that there has been no restitution—that, on the contrary, their resources and their territories continue to be exploited in the name of a majority for which the indigenous peoples are expected to sacrifice themselves. The Zapatista uprising in 1994, the failure to carry out the accords of San Andrés,

ABOVE:
The vagaries of the insurgency made open communication dangerous. This covert communiqué, written on a piece of linen, details troop movements, including those of the supreme commander of royal forces Félix María Calleja, in the mining region of Zacatecas, over 300 miles northwest of Mexico City. Written by a royalist regimental commander with 400 men and two cannon, it begins, "I write this with the greatest risk..."
Bancroft checklist 2

de San Andrés que en 1996 reconocían por primera vez sus derechos más básicos y las múltiples luchas actuales de estos grupos por impedir el continuado despojo de lo que les pertenece, hablan claramente de la persistencia de un proyecto político-económico sustentado en una desigualdad de origen colonial ni siquiera reconocida. Así pues, a la Independencia no ha correspondido un proceso de descolonización. Por un lado hace falta un urgente debate interno respecto a los principios ideológicos que han sostenido los diversos proyectos coloniales/nacionales y, por otro, un necesario cambio de posturas y políticas insostenibles a nombre de una verdadera igualdad y de la posibilidad de formas de gobierno que la gente pueda llamar propias.

Por este derecho a un gobierno propio, en el "Tratado de las doce dudas", Bartolomé de las Casas, obispo de Chiapas, uno de los críticos más importantes de la conquista y la colonización española de América, argumentaba en el siglo XVI que España debía abandonar los territorios injustamente adquiridos y restituir sus bienes a sus antiguos habitantes. Entre otras muchas razones, el que España nunca hubiera gobernado los nuevos territorios con el bienestar de los indígenas como objetivo, sino en consecución de sus propios intereses, la obligaba a la restitución. La desvinculación entre gobierno y población era para las Casas una tiranía que carecía de cualquier pretensión de legitimidad. Es en esta dirección que también hay que pensar la Independencia, sobre todo en un momento en que las presiones del capitalismo—extranjero o nacional—se ejercen con mayor fuerza y en sentido opuesto a los intereses de esa población para quien un gobierno legítimo debiera funcionar.

La última transición en la política mexicana en el año 2000, cuando gana las elecciones el Partido Acción Nacional (PAN), un partido distinto al que desde la Revolución de 1910 había estado en el poder—el Partido Revolucionario Institucional (PRI)—representa la acelaración de una política económica neoliberal. Quizás por esto, el que Vicente Fox, el mandatario de "la transición", fuera un ex-presidente de

which in 1996 recognized for the first time the indigenous peoples' most basic rights, and the many ongoing struggles of these groups to stop the prolonged plunder of what is theirs, speak clearly of the continuation of a political-economic project sustained by an inequality going back to the colony that is not even acknowledged. In this sense, Independence has not been accompanied by a process of decolonization. There is an urgent need on the one hand for an internal debate on the ideological principles that have underpinned the various colonial/national projects, and on the other for an end to unsustainable economic and social policies in favor of true equality and forms of governance that the Mexican people can call their own.

In his "Tratado de las doce dudas" ("Treatise on the Twelve Doubts"), Bartolomé de las Casas, bishop of Chiapas, one of the towering critics of the Spanish conquest and colonization of America, argued in the sixteenth century that Spain should abandon the territories it had unjustly acquired and return all their possessions to their original inhabitants. For las Casas, among many other reasons, the fact that Spain had governed the new territories not with the well-being of the Indians in mind, but instead to promote its own interests, demanded this restitution. The lack of connection between government and people was for las Casas a tyranny that lacked any pretense of legitimacy. It is in this light that Independence should also be seen, especially now, at a moment when the pressures of capitalism—foreign or domestic—are exercised with greater force and contrary to the interests of that population for whom a legitimate government ought to function.

The most recent transition in Mexican politics occurred in 2000—when the Partido Acción Nacional (PAN) won the elections, replacing the Partido Revolucionario Institucional (PRI), which had been in power since the Revolution of 1910. This development represents the acceleration of a neoliberal economic policy. The fact that Vicente Fox, the leader of the "transition," was an ex-CEO of Coca-Cola, more than an ironic coincidence, is in concordance with recent developments in the nation's

Coca-Cola, no es un dato simplemente irónico, sino un hecho coherente con los recientes desarrollos de la política nacional. El paso de gobernar una compañía transnacional a gobernar un país no parece sino un gesto acorde con lo que se puede constatar cotidianamente: el que en la práctica la tarea del gobierno parezca reducida a administrar los recursos nacionales en función de los intereses de una economía globalizada.

Fue precisamente una situación similar durante la dictadura de Porfirio Díaz (1876–1911), cuyo proyecto de modernización nacional privilegió sobre todo los intereses de capitalistas extranjeros, lo que llevó a la lucha revolucionaria de 1910. Actualmente, esta renovada dependencia económica convierte toda discusión en torno a la soberanía y la independencia en un asunto trasnochado porque ¿qué sentido tiene hablar de independencia ante un sistema económico cuyas formas le son contrarias?

Pese a todo lo que la Independencia *no* ha implicado (restitución, soberanía popular, un fundamento político verdaderamente nuevo), los representantes de un México olvidadizo fabricarán, sin duda, razones para encabezar las ceremonias de un bicentenario cuyos significados nunca han sido puestos a circular en un debate incluyente y democrático. Lo interesante sería que de la larga procesión de eventos conmemorativos que se aproximan, surgieran, siquiera indirectamente, discusiones y análisis que permitieran una evaluación seria de qué debería ser *ahora* la lucha iniciada en 1810.

IVONNE DEL VALLE

Department of Spanish and Portuguese
University of California, Berkeley

politics. The move from managing a transnational company to governing a country is consistent with what can be confirmed daily: that on the ground, the government's role seems reduced to administering the nation's resources in favor of the interests of a globalized economy.

There was a parallel situation during the dictatorship of Porfirio Díaz (1876–1911), whose project for national modernization, which primarily favored foreign capitalists, led to the revolutionary struggle of 1910. Today, this renewed economic dependence on foreign capital and on powerful domestic monopolies gives any discussion of sovereignty and independence a nostalgic and quaint air in the face of an economic system contrary to them.

Despite everything that Independence has *not* achieved (restitution, popular sovereignty, a truly new political foundation), the representatives of a forgetful Mexico will doubtless manufacture reasons to celebrate a bicentennial whose meanings have never been put to a truly inclusive and democratic debate. It would be most interesting if, during the long procession of upcoming commemorative events, there could emerge, even indirectly, serious discussion and analysis that might permit meaningful reflection on the shape that the struggle begun in 1810 should take *today*.

IVONNE DEL VALLE

Department of Spanish and Portuguese
University of California, Berkeley

Women soldiers wait to receive federal troops in the pivotal border town of Ciudad Juárez, with Lázaro Gutiérrez de Lara, center, anarchist leader and editor of the radical newspaper *Regeneración*. The capture of the city by revolutionary forces in 1911 marked the end of Porfirio Díaz's rule. Bancroft checklist 114

La Revolución Mexicana en 2010
The Mexican Revolution in 2010

La colección de fotos de Anita Brenner de 1943 sobre la Revolución Mexicana la llamó "el viento que arrasó México". Lo fue y no lo fue. La metáfora de un viento que arrasó todo capta la destrucción, la fuerza, la incontrolabilidad de la Revolución de 1910, pero erróneamente implica que se trató de un movimiento único y unificado. En cambio, la Revolución fue más bien como la combustión espontánea, una serie de pequeños incendios que se produjeron en muchos lugares diferentes, que se alimentaron el uno al otro, y que, finalmente, consumieron todo el país. Fue llevada a cabo no sólo por los campesinos vestidos de blanco, como los tiene la imaginación popular, sino por sus esposas y hermanas, por arrieros, comerciantes, mineros, periodistas, abogados, estudiantes, maestros, terratenientes, trabajadores en las fábricas y propietarios de las mismas. Fue dirigida por un ex estudiante de Berkeley, vegetariano y abstemio, que provenía de una familia acomodada (Francisco I. Madero), un cultivador de garbanzo (Álvaro Obregón), un viejo político descontento de 61 años (Venustiano Carranza), un entrenador de caballos y líder local (Emiliano Zapata) y un aparcero convertido en forajido (Pancho Villa)—todos ellos asesinados, y todos menos Villa en medio de sus carreras como revolucionarios. La revolución y su violencia saltaron los abismos étnicos, regionales y de clases.

En 1910, a estos ejércitos dispares y sus correspondientes líderes los unía muy poco salvo la profunda frustración con el hombre que había gobernado México durante 34 años, Porfirio Díaz. Este octogenario, que había subido al poder en 1876 bajo el eslogan de "no re-elección", se había dejado reelegir repetidas veces mientras que anulaba, por cualquier medio necesario, toda oposición. Pero si Díaz no fue políticamente un liberal, en el ámbito de la política económica se adhirió a un liberalismo que sería muy familiar a

Anita Brenner's 1943 collection of photos of the Mexican Revolution called it "the wind that swept Mexico." It was and it wasn't. The metaphor of a wind sweeping everything before it captures the destruction, the force, the uncontrollableness of the 1910 Revolution, but it implies erroneously that this was a single, unified movement. Instead, the Revolution was more like spontaneous combustion, a number of small fires that broke out in many different places, fed into each other, and eventually engulfed the entire country. It was carried out not just by white-clad peasants, as the popular imagination has it, but by their wives and sisters, by muleteers, shopkeepers, mineworkers, journalists, lawyers, students, schoolteachers, landowners, factory workers, and factory owners. It was led by a vegetarian, teetotaling former Berkeley student from a wealthy family (Francisco I. Madero), a chickpea farmer (Álvaro Obregón), a disgruntled 61-year-old politician (Venustiano Carranza), a horse trainer and village leader (Emiliano Zapata), and a sharecropper-turned-outlaw (Pancho Villa) —all of whom were assassinated, and all but Villa in the middle of their careers as revolutionaries. The Revolution and its violence jumped deep class, ethnic, and regional chasms.

In 1910 these disparate armies and leaders were united by very little except a profound frustration with the man who had ruled Mexico for 34 years, Porfirio Díaz. The 80-year-old Díaz, who rose to power in 1876 on a slogan of "no re-election," had allowed himself to be repeatedly re-elected while quashing, by any means necessary, any opposition. But if he was politically illiberal, in the realm of economic policy he adhered to a liberalism that would be quite familiar to free marketers today. He encouraged investment in mineral and agricultural exports like copper and hemp, particularly recruiting eager foreign investors, since he was convinced that domestic capital was insufficient to

los libremercadistas de hoy. Alentó la inversión en las exportaciones agrícolas y minerales como el cobre y el cáñamo, reclutando a ávidos inversionistas extranjeros en particular, ya que estaba convencido de que el capital nacional era insuficiente para activar de forma rápida un programa de crecimiento económico. Apoyó la privatización no solamente de los ejidos de los pueblos indígenas, sino también de las tierras públicas y, controversialmente, las subutilizadas y las de individuos cuyos títulos resultaban defectuosos. Como resultado de estas políticas orientadas al crecimiento, la gran mayoría de las tierras cultivables de México y la mayor parte de su riqueza mineral pasó a manos de los astutos propietarios de empresas privadas, entre ellos una minoría muy visible de extranjeros.

Díaz adoptó plenamente el mantra liberal de "productividad". Según él, cuando la productividad aumentara, también aumentarían los sueldos y todos se beneficiarían. A pesar de las predicciones, no subieron ni los sueldos agrícolas ni los industriales. De hecho, los salarios reales disminuyeron después del cambio de siglo. Este era un problema particularmente agudo en el centro de México, donde había un gran excedente de mano de obra—en Morelos, por ejemplo, donde se basaría el Ejército del Sur dirigido por Zapata. Allí, los campesinos que fueron obligados a abandonar sus tierras tuvieron que competir con otros por empleos de fábrica mal pagados o trabajos de jornalero en las ciudades. Pero hasta en los estados del norte, donde había una población poco densa y una mayor variedad de oportunidades de trabajo— incluidas las fábricas, la ganadería, la agricultura y las minas en ambos lados de la frontera—que mantenían los sueldos relativamente altos, el coste social de un rápido crecimiento económico fue significativo: las ciudades se llenaban periódicamente de trabajadores bulliciosos, desempleados temporalmente por el ritmo agricultural o industrial.

Los campesinos y trabajadores asalariados, sin embargo, no fueron los únicos grupos descontentos de la sociedad mexicana hacia el final del régimen de Díaz. Las clases medias

jump start a rapid, catch-up program of economic growth. He supported privatization not only of the lands that continued to be held communally by Indian villages but also of public lands and, controversially, underutilized lands and lands to which individuals held imperfect title. As a result of these growth-oriented policies the vast majority of Mexico's arable land and most of its mineral wealth passed into the hands of savvy, entrepreneurial private owners, a highly visible minority of them foreigners.

Díaz fully adopted the liberal mantra of "productivity." As productivity rose, he believed, so would wages, and everyone would benefit. Despite the predictions, neither agricultural nor industrial wages went up. In fact, real wages declined after the turn of the century. This was a particularly acute problem in central Mexico where there was a large labor surplus—in Morelos, for example, where the Zapata-led Army of the South would be based. There, peasants who were forced off their subsistence farms competed with others for low-paying factory jobs or unskilled work in the cities. But even in the northern states, where a sparser population and a greater variety of work opportunities— including factories, ranching, and agriculture and mines on both sides of the border—kept wages relatively high, the social costs of rapid economic growth were significant: cities periodically swelled with rowdy unemployed seasonal or cyclical industry workers.

Peasants and wage workers were not the only disgruntled members of Mexican society toward the end of the Díaz regime, however. The middle and upper classes, in many ways its beneficiaries, had their own complaints, centered around the dictatorship's betrayal of liberal political ideals—meaningful and honest elections, an end to nepotism and corruption, and a merit system for government jobs. Beyond this, although the middle and upper classes had tolerated Díaz's courting of foreign investment in the early stages of rapid economic modernization, by the turn of the century they felt that his apparent preference for foreigners had gone too far. After all, they, too, had capital to invest;

y altas, en muchos sentidos sus beneficiadas, tenían sus propias quejas, centradas alrededor de la traición por parte de la dictadura a los ideales políticos liberales—elecciones significativas y honestas, un fin al nepotismo y la corrupción, y un sistema de méritos para puestos de funcionario. Más allá de esto, aunque las clases medias y altas habían tolerado el cortejar de Díaz a la inversión extranjera en las primeras etapas de la rápida modernización económica, hacia el cambio de siglo sentían que su aparente preferencia por los extranjeros había ido demasiado lejos. Después de todo, ellos también tenían capital para invertir. ¿Por qué era más fácil que los inversionistas extranjeros recibieran licencias, subvenciones, desgravaciones fiscales y la protección legal que los mexicanos? A las quejas socioeconómicas de los pobres, entonces, podemos añadir el nacionalismo de los ricos y la clase media como fuente de gran descontento.

La fase más violenta de la Revolución Mexicana duró desde 1910 hasta 1920. Durante esta década terrible, en la que perdieron la vida más de un millón y medio de personas, la política mexicana se transformó de manera fundamental y permanente. El campesinado emergió

why was it easier for foreign investors to receive licenses, subsidies, tax breaks, and legal protections than it was for Mexicans? To the socioeconomic grievances of the poor, then, we may add the entitled nationalism of the wealthy and the middle class as sources of great discontent.

The Mexican Revolution's most violent phase lasted from 1910 to 1920. During this horrific decade, in which more than one and a half million people died, Mexican politics were fundamentally and permanently transformed. The peasantry emerged as powerful political actors, and for the first time workers organized for political purposes, particularly in Mexico City. Their goals were amorphous at first but crystallized as the fighting went on: the right to land, the restoration of lands illegally usurped during the dictatorship, the right to fair pay and safe working conditions, the right to organize and strike, the right to government arbitration of labor disputes. These were radical goals—the right to land, for example, could only be assured by giving government the power to expropriate private property—and they made the middle and upper class liberals quite nervous. This was more than the restoration of the political

The major leaders of the Mexican Revolution in front of Mexico's provisional capital, Chihuahua, April 30, 1911. Front row: Venustiano Carranza, future president (far left); Francisco I. Madero, provisional president; and Pascual Orozco (far right), leader of Chihuahua's largest revolutionary force. Standing, on left: Pancho Villa, head of the Division of the North. Notably absent is Emiliano Zapata, whose commitment to radical agrarian reform kept him at loggerheads with Madero.
Bancroft checklist 58
Stanford checklist 48

como un poderoso actor político, y por primera vez los trabajadores se organizaron con fines políticos, particularmente en la Ciudad de México. Sus objetivos eran amorfos al principio, pero cristalizaron con la lucha: el derecho a la tierra, la restauración de las tierras usurpadas durante la dictadura, el derecho a una justa remuneración y condiciones de trabajo seguras, el derecho de sindicalización y de huelga, el derecho al arbitraje gubernamental de disputas laborales. Estos fueron objetivos radicales—el derecho a la tierra, por ejemplo, sólo podia garantizarse dándole al gobierno la facultad de expropiar la propiedad privada—que pusieron muy nerviosos a los liberales de clase media y alta. Esto era más que la restauración de los derechos políticos garantizados por la Constitución liberal de 1857 y el uso del poder del gobierno para trazar un rumbo más nacionalista para el crecimiento económico de México. Estos objetivos fundamentalmente diferentes hacía imposible que ningún grupo determinado de revolucionarios tomara el control de la situación hasta 1917.

A finales de 1916 una solución a este callejón sin salida comenzó a asomarse. En el norte, el general Obregón, del estado de Sonora, fue el primer operativo político importante en ver que un gobierno que seguía excluyendo a los campesinos y trabajadores movilizados nunca sería estable. Se abrazó al concepto de una "política de masas", una política que tenía plenamente en cuenta el poder político de los campesinos y trabajadores y que tratara de encontrar

Carranza is shown with a number of his military supporters, including generals González, Murguía, Villareal, and corporal Runyon. Bancroft checklist 141.

rights guaranteed by the liberal constitution of 1857 and the use of the power of government to chart a more nationalistic course for Mexican economic growth. These fundamentally different goals made it impossible for any one group of revolutionaries to seize control of the situation until 1917.

In late 1916 a solution to the impasse began to emerge. General Obregón, from the northern state of Sonora, was the first major political operator to see that a government that continued to exclude the mobilized peasants and workers would never be stable. He embraced the concept of a "politics of the masses," a politics that took fully into account the political power of peasants and workers and attempted to find ways to incorporate them into the government—on terms acceptable to that government. President Carranza was persuaded to call a second constitutional convention (the first, held in 1914, had failed utterly), one that would produce a new constitution recognizing unprecedented social and political rights for those whom Carranza and his allies, ironically, had been trying to defeat since the last tenuous alliance among revolutionaries broke down in 1911. The 1917 Constitution, in addition to establishing nationalist limitations on foreigners' ability to own land or control Mexican resources, gave peasants and workers the right to organize and called for the incorporation of organized labor (including peasants) into the formal political process.

Carranza, however, did not much like the constitution that his convention had produced, and the fighting continued; but after Zapata was assassinated—on Carranza's orders in 1919—and he himself was assassinated a year later, the way was cleared for Obregón to assume the presidency, where he practiced what he had preached, encouraging workers and peasants to organize, the better to co-opt them, control them, and use them to consolidate the power of the revolution. He supported artistic and educational initiatives that were designed to reach the masses and construct a national identity around the notion that the revolution was inclusive and progressive. These initiatives included literacy and health brigades and government-

la manera de incorporarlos en el gobierno—en términos aceptables para ese gobierno. El presidente Carranza fue persuadido a convocar una segunda convención constitucional (la primera, celebrada en 1914, había fracasado por completo), que produciría una nueva constitución que reconociera derechos sociales y políticos sin precedentes para los grupos que Carranza y sus aliados, irónicamente, habían estado intentando derrotar desde el rompimiento de la última tenue alianza entre los revolucionarios en 1911. La Constitución de 1917, además de establecer limitaciones nacionalistas sobre la capacidad de los extranjeros de ser dueños de tierras o controlar los recursos de México, dio a los campesinos y los trabajadores el derecho de sindicalización y pidió la incorporación de los sindicatos (inclusive a los campesinos) en el proceso político formal.

A Carranza, sin embargo, no le gustaba la Constitución que su convención había producido, y las luchas continuaron; pero después que Zapata fue asesinado—bajo las órdenes de Carranza en 1919—y él mismo fue asesinado un año después, el camino estaba despejado para que Obregón asumiera la Presidencia, donde practicó lo que había predicado, alentando a los trabajadores y campesinos a organizarse para mejor cooptarlos, controlarlos y utilizarlos para consolidar el poder de la revolución. Apoyó las iniciativas artísticas y educativas ideadas para llegar a las masas y construir una identidad nacional en torno a la noción de que la revolución era inclusiva y progresista. Estas iniciativas incluyeron la alfabetización, las brigadas de sanidad y los muralistas, patrocinados por el gobierno, que cubrieron los edificios con ejemplos espectaculares de didactismo revolucionario. La resistencia que de vez en cuando manifestaron estos artistas, maestros, trabajadores de sanidad y activistas del gobierno, por no mencionar a las personas a quienes intentaban influenciar, no debe oscurecer el hecho de que Obregón (y sus sucesores) procuraron crear un aura de participación democrática en la construcción de un estado revolucionario, sin tolerar la celebración de elecciones libres ni

sponsored muralists who covered buildings with spectacular examples of revolutionary didacticism. The agency and occasional resistance that was displayed by these artists, teachers, health workers, and government activists, not to mention by the people they tried to reach, should not obscure the fact that Obregón (and his successors) intended to create an aura of democratic participation in the construction of a revolutionary state without tolerating free elections or opposition parties. Post-revolutionary politics included organized labor, it is true (indeed, depended on it), but political inclusivity had to take place within the framework of a single, near-omnipotent party, the Party of the Institutionalized Revolution (PRI), which governed Mexico until the year 2000. Though historians and contemporaries had been asking "is the Mexican Revolution dead?" since at least 1940, in many ways it was not until the demise of the PRI that we can truly think of the Mexican Revolution as having run its full course.

MARGARET CHOWNING
Department of History
University of California, Berkeley

Artist Sarah Jiménez portrays the death of Emiliano Zapata, ambushed by *Carrancista* soldiers in southern Morelos in April, 1919. Here Zapata's assassins trample signs reading "Agrarian Reform" and "Land and Liberty," symbolizing the betrayal of ideals for which Zapata fought. Bancroft checklist 80

A 1913 map showing the "chief sectors of rebellion," including the supposed areas of operation of Pancho Villa in Chihuahua, Venustiano Carranza (the "Constitutionalists"), and Emiliano Zapata in the south. From a study commissioned by Travelers Insurance Group for its clients. Bancroft checklist 163

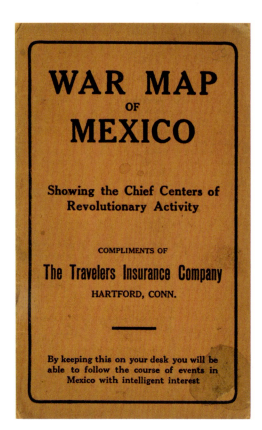

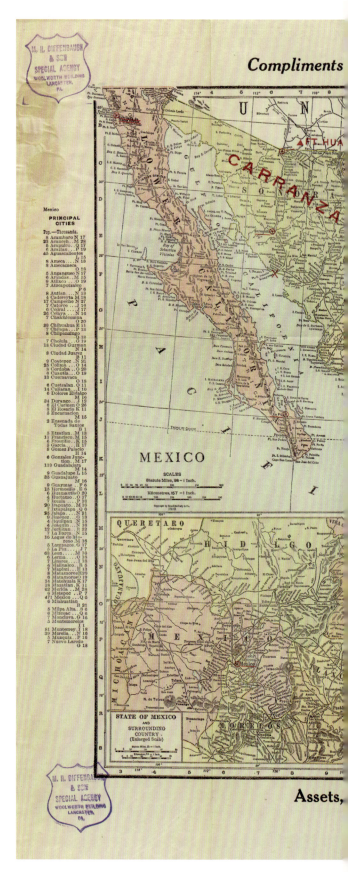

partidos de oposición. La política posrevolucionaria incluyó los sindicatos, es cierto (de hecho, dependía de ellos), pero la inclusión política hubo de tener lugar dentro del marco de un único partido casi omnipotente, el Partido de la Revolución Institucional (PRI), que gobernó México hasta el año 2000. Aunque los historiadores contemporáneos se habían estado preguntando por lo menos desde 1940 "¿Está muerta la Revolución Mexicana?", en muchos aspectos no fue sino hasta la derrota del PRI que realmente podemos considerar que la Revolución Mexicana ha llegado a su término.

MARGARET CHOWNING
Department of History
University of California, Berkeley

Traducido por
Cuauhtémoc García García

Adiós a las Armas:
La Revolución Mexicana en la pantalla
A Farewell to Arms:
The Mexican Revolution on Screen

La novela llegó tarde para narrar a la Revolución Mexicana (1910–1921). Con la excepción de Mariano Azuela, que escribió *Los de Abajo* exiliado en El Paso, y lo publicó como folletín en un periódico de la ciudad, en 1915, lo que más tarde se llamaría "La novela de la Revolución Mexicana" apareció mucho tiempo después, una vez terminado el período armado. Sus principales escritores fueron Martín Luis Guzmán (*La sombra del caudillo*, 1929; *El águila y la serpiente*, 1929; *Memorias de Pancho Villa*, 1938); José Vasconcelos (*Ulises criollo*, 1935, y *La tormenta*, 1936); Mauricio Magdaleno (*El resplandor*, 1937); Gregorio López y Fuentes (*Mi General*, 1934); Rafael F. Muñoz (*Se llevaron el cañón para Bachimba*, 1941). Todos ellos hombres y, por fin, una mujer: Nellie Campobello (*Cartucho*, 1931).

El cine se demoró tanto como la literatura en representar sobre la pantalla los hechos de un período brutal de la vida del país. No existían aún las condiciones industriales para hacerlo. Sin embargo, las primeras películas coincidieron con la publicación de algunas de las primeras novelas. El cineasta que mejor y más pronto representó en excelentes películas el período armado fue Fernando de Fuentes (1894–1958) en películas como *El prisionero 13* (1933), *El compadre Mendoza* (1934) y *Vámonos con Pancho Villa* (1936). La mejor de las tres, *El compadre Mendoza*, quiso mostrar una actitud políticamente oportunista de la época: cómo los terratenientes y los políticos cambiaban de bando sin problemas de conciencia. Basándose en un cuento de Mauricio Magdaleno, desarrolla con fuerza y claridad una historia de afectos y traiciones. Don Rosalío Mendoza es un hábil terrateniente que, en pleno período revolucionario, salva su piel y propiedades por

The novel was a late arrival to the narration of the Mexican Revolution (1910–1921). With the exception of Mariano Azuela, who wrote *Los de abajo / The Underdogs* while in exile in El Paso and published it as a serial in a local newspaper, in 1915, what later would be called "the novel of the Mexican Revolution" appeared much later, after the armed conflict was over. Its principal authors were Martín Luis Guzmán (*La sombra del caudillo / The Shadow of the Caudillo*, 1929; *El águila y la serpiente / The Eagle and the Serpent*, 1929; *Memorias de Pancho Villa / Memoirs of Pancho Villa*, 1938); José Vasconcelos (*Ulises criollo / Creole Ulysses*, 1935, and *La tormenta / The Storm*, 1936); Mauricio Magdaleno (*El resplandor / Sunburst*, 1937); Gregorio López y Fuentes (*Mi General / My General*, 1934); Rafael F. Muñoz (*Se llevaron el cañón para Bachimba / They Took the Cannon to Bachimba*, 1941). All men, and finally, a woman: Nellie Campobello (*Cartucho / The Cartridge*, 1931).

Film was as tardy as literature in representing on the silver screen the deeds of a brutal period in the life of the nation. The necessary industrial conditions did not yet exist. Nevertheless, the first films coincided with the publication of some of the first novels. The director

OPPOSITE:
Poster for *Si Adelita se fuera con otro*, 1948, one of the popular films on the theme of women soldiers. Jorge Negrete and Gloria Marín were a well-known couple of the Golden Age of Mexican Cinema in the 1940s and 1950s. Stanford checklist 67

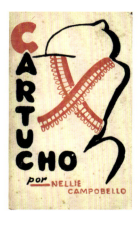

In *Cartucho*, Nellie Campobello portrays the carnage of war as experienced by a young girl. Stanford checklist 61

Los de abajo author Mariano Azuela is considered the father of the Mexican Revolution narratives. Stanford checklist 56

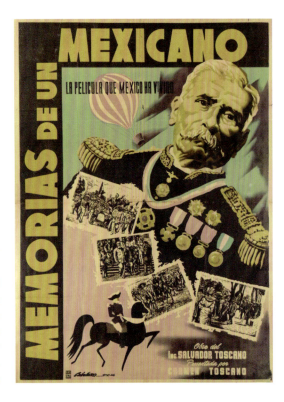

Memorias de un mexicano (1950) included original footage from the Revolution filmed by Mexican cinematographer Salvador Toscano. Stanford checklist 45

amistad con los bandos opuestos. El personaje de Mendoza está estupendamente expuesto ya que su amistad con los rivales resulta auténtica. Así como su mayordomo Atenógenes se apresura a cambiar los retratos de Zapata o de Huerta (más adelante, el de Carranza) según sea el bando que está por llegar a la hacienda, Mendoza simplemente cambia su "corazón", pues se siente tan cómodo y amistoso con una facción como con la otra, enemiga de la primera.

El tema del "chaqueteo" ponía en evidencia la hipocresía de los hombres poderosos, pero años más tarde, en los 1960s, una excelente película mostró esos cambios de bando pero con una comprensión más profunda, pues se trataba de la sobrevivencia de las mujeres "soldaderas". Esa película fue *La soldadera* (1967) de José Bolaños (1935–1994). Cuando al marido del personaje central, Lázara, lo matan, ella sigue al ejército rebelde aunque su esposo había sido soldado del ejército del gobierno. Los sueños de tener algún día una "casa" propia—para la cual guarda sus botines nuevos, sin usarlos —son sustituídos por la realidad de la guerra y, pronto, consigue un nuevo hombre al que seguir. Lázara vive las vicisitudes de la guerra, tiene una hija,

who best and earliest presented the period of armed conflict in excellent pictures was Fernando de Fuentes (1894–1958), in films like *El prisionero 13 / Prisoner 13* (1933), *El compadre Mendoza / Pal Mendoza* (1934), and *Vámonos con Pancho Villa / Let's Go with Pancho Villa* (1936). The best of the three, *Pal Mendoza*, attempted to show a politically opportunistic attitude of the period: how the great landowners and the politicians changed sides without any problems of conscience. Based on a short story by Mauricio Magdaleno, it develops with force and clarity a history of emotion and treachery. Don Rosalío Mendoza is a clever landowner who, in the midst of the revolution, saves his skin and his property by making friends with both sides. Mendoza as a character is splendidly realized, since his friendship with the rival bands appears to be authentic. Just as his steward Atenógenes hastens to change the portraits of Zapata or Huerta (later, Carranza's) according to which gang is about to arrive at the hacienda, so Mendoza simple changes his "heart," since he feels just as comfortable and friendly with one faction as with the other, the enemy of the former.

This theme of the turncoat makes evident the hypocrisy of the powerful; but years later, in the 1960s, an excellent film showed these same changes of side but with a more profound understanding, since it deals with the survival of female camp followers. That film was *La soldadera / The Camp Follower* (1967) of José Bolaños (1935–1994). When the husband of the main character, Lázara, is killed, she follows the rebel army even though her husband had been a soldier in the government army. Her dreams of someday having her own "casa"—for which she puts away her new boots without wearing them—are replaced by the reality of war, and soon she finds a new man to follow. Lázara lives the vicissitudes of war, has a child, again loses her companion, and, with the same appealingly fatalist naturalism of the whole story, follows yet another man when the second disappears.

Some movies, instead of treating the theme of war, choose a romantic angle—

pierde otra vez a su compañero, y con la misma dulce naturalidad fatalista de todo el relato sigue todavía a otro hombre, cuando el segundo desaparece.

Algunas películas, en vez de tratar el tema bélico, eligieron el romántico. Por ejemplo, *Cielito lindo* (1936), de Roberto O'Quigley. La Revolución mexicana todavía dio lugar a hablar sobre historias de amor y también a vivirlas. Después de los toques de retreta, los desfiles, las batallas, la derrota como prisioneros y los fusilamientos, Felipe Vélez, salvado de su fusilamiento por un amigo de la infancia, escucha en una cantina la canción "Cielito lindo" y reflexiona en que "no es un canto de guerra lo que nos lleva al combate", sino el recuerdo de una mujer amada, y por ende "una canción de amor".

Quien combinaría la temática de la guerra con las románticas y, todavía más, con reflexiones sobre la "educación" como panacea de los problemas de México, sería otro notable cineasta, Emilio "Indio" Fernández (1903–1986), en *Enamorada* (1946), *The Torch* (1950), *Un día de vida* (1950), *Un Dorado de Pancho Villa* (1967).... Llamado popularmente *El Indio*, Fernández era de una personalidad explosiva y tuvo una vida muy azarosa; fue también un actor múltiple, typecast como el "mexicano malo" en numerosas películas de Hollywood, como *The Wild Bunch* (Sam Peckinpah, 1969).

A finales de los 1940s, durante el período de la industrialización de México, algunas películas enfocaron el tema de los efectos de la Revolución sobre los sectores sociales medios. Juan Bustillo Oro (1904–1989) realizó una de sus mejores películas con *Vino el remolino y nos alevantó* (1949). Este director y su guionista el escritor Mauricio Magdaleno mostraron a la revolucion a través de los ojos de una familia de clase media. Lo más interesante de la película consistió en haber adoptado como "personajes centrales" a individuos que no estaban en el ejército ni en la rebelión, y no eran ni héroes ni traidores. Aquí hay un relato colectivo y su personaje principal es la familia en su totalidad. Y el drama consiste en su destrucción como célula social.

for example, *Cielito lindo* (1936) of Roberto O'Quigley. The Mexican Revolution gave ample scope for telling love stories and also living them. After the sound of the curfew, the parades, the battles, the defeated prisoners, and the executions, Felipe Vélez, saved from execution by a childhood friend, hears in a canteen the song "Cielito lindo" and ruminates that "it is not a song of war that carries us to combat," but rather the memory of a beloved woman and therefore "a song of love."

The person who would combine the thematics of war with those of love and, still more, with meditations on "education" as a panacea for the problems of Mexico, was another remarkable cinematographer, Emilio "Indian" Fernández (1903–1986), in *Enamorada / Enamored* (1946), *The Torch* (1950), *Un día de vida / One Day of Life* (1950), *Un Dorado de Pancho Villa / One of Pancho Villa's Golden Horsemen* (1967).... Popularly called *El Indio*, Fernández had an explosive personality and an eventful life; he was also a versatile actor, typecast as the "mexicano malo," the evil Mexican, in numerous Hollywood movies, such as *The Wild Bunch* (Sam Peckinpah, 1969).

At the end of the 1940s, during Mexico's period of industrialization, a few movies focused on the effects of the Revolution on the middle classes. Juan Bustillo Oro (1904–1989) directed one of his best films with *Vino el remolino y nos alevantó / Came the Whirlwind and Carried us Off* (1949). This director and his scriptwriter, the writer Mauricio Magdaleno, showed the Revolution through the eyes of a middle-class family. The most interesting aspect of the film consists in its having adopted as main characters individuals who were neither in the army nor took up arms with the rebels, who were neither heroes nor traitors. Here we have a collective story whose central character is the family in its totality. And the drama consists of its destruction as a social unit.

The Mexican Revolution has been a favorite movie theme that over the decades has been "updated" whenever the opportunity presented itself. There have been numerous films with different purposes, sometimes centered on

La Revolución Mexicana ha sido un tema favorito, que a lo largo de las décadas se ha "puesto al día" cada vez que tiene la oportunidad. Hay numerosas películas con diferentes propuestas, a veces centradas en personajes famosos como Pancho Villa y Emiliano Zapata, otras en figuras secundarias: *Si Adelita se fuera con otro* (1948) de Chano Urueta; *El Centauro del Norte* (1960) de Ramón Pereda; *El caudillo* (1967) de Alberto Mariscal; *La trinchera* (1968) de Carlos Enrique Taboada; *Emiliano Zapata* (1970) de Felipe Cazals; *Reed, México insurgente* (1970) de Paul Leduc; *Vals sin fin* (1971) de Rubén Broido; *El principio* (1972) y *Longitud de guerra* (1975) de Gonzalo Martínez Ortega; *Cananea* (1978) de Marcela Fernández Violante; *Cuartelazo* (1957) de Alberto Isaac. Existen dos versiones de *Los de abajo:* una de Chano Urueta (1943) y otra de Servando González (1976).

Existe hoy una amplia, rica y continuamente revisitada bibliografía sobre la Revolución Mexicana, pero podría decirse que el cine ha construído, con el innegable poder de sus imágenes, una historiografía paralela y por lo general tanto o más dramática y atractiva que la narrada en los libros.

JORGE RUFFINELLI

Department of Iberian and Latin American Cultures, Stanford University

famous personages like Pancho Villa and Emiliano Zapata, at other times on secondary figures: *Si Adelita se fuera con otro / If Adelita Ran Off with Another* (1948) of Chano Urueta; *El Centauro del Norte / The Centaur of the North* (1960) of Ramón Pereda; *El caudillo / The Leader* (1967) of Alberto Mariscal; *La trinchera / The Trench* (1968) of Carlos Enrique Taboada; *Emiliano Zapata* (1970) of Felipe Cazals; *Reed, México insurgente / Reed, Insurgent Mexico* (1970) of Paul Leduc; *Vals sin fin / Waltz without End* (1971) of Rubén Broido; *El principio / The Beginning* (1972) and *Longitud de guerra / Longitude of War* (1975) of Gonzalo Martínez Ortega; *Cananea / The Cananea Strike* (1978) of Marcela Fernández Violante; *Cuartelazo / Barracks Coup* (1957) of Alberto Isaac. There are two versions of *Los de abajo / The Underdogs:* one by Chano Urueta (1943), the other by Servando González (1976).

Today there exists an ample, rich, and continually revisited bibliography on the Mexican Revolution, but it can be said that the cinema has constructed, with the undeniable power of its images, a parallel historiography, by and large a more dramatic and attractive one than that narrated in books.

JORGE RUFFINELLI

Department of Iberian and Latin American Cultures, Stanford University

Translated by Charles Faulhaber

Imágenes | Gallery
LA GUERRA DE INDEPENDENCIA | THE WAR OF INDEPENDENCE

La Guerra de Independencia, 1810–1820
The War of Independence, 1810–1820

La invasión de España por parte de Napoleón en 1808 catalizó un violento movimiento de independencia contra los usurpadores franceses. El 16 de septiembre de 1810 el padre Miguel Hidalgo dio su Grito, el cual unió a criollos e indígenas bajo el estandarte de Nuestra Señora de Guadalupe como patrona celestial de la insurgencia. Por su parte, los criollos, españoles nacidos en México, estaban resentidos por la dominación política de los peninsulares en la Nueva España; mientras que los campesinos respondían a la llamada por motivos locales—salarios, tierras y disputas étnicas.

Después de algunos triunfos en las ricas tierras del Bajío, los insurgentes bajo mando del padre Hidalgo fueron derrotados en 1811, pero la insurgencia continuó bajo la dirección del padre José María Morelos, exaltando libertad, igualdad y soberanía al tiempo que la fe católica y el rey destronado seguían siendo puntos de referencia. La Guerra de Independencia habría de concluir con el establecimiento de una República Mexicana en 1824, pero la nación seguiría fragmentada, dividida por cuestiones ideológicas y estratificada—es decir, una nación independiente, pero con sus ideales aún por conseguir.

Napoleon's 1808 invasion of Spain catalyzed in the Americas a violent movement for independence from the French usurpers. On September 16, 1810, Miguel Hidalgo, a well-educated priest, issued his battle cry, the "Grito de Dolores," and in the following years various sectors coalesced under the banner of the Virgin of Guadalupe, the insurrection's celestial patron. Creoles, American-born subjects of Spanish descent, resented the political domination of Europeans in their homeland; peasants fought over local wage, land, and ethnic issues.

Following early successes in the productive Bajío region, the rebels under Hidalgo were defeated in 1811. Now led by the priest José María Morelos, the insurgency extolled ideals of liberty, equality, and popular sovereignty while remaining committed to the Catholic faith and the return of the dethroned king. The War of Independence ended with Mexico's establishment as an independent republic in 1824, but the nation remained administratively fragmented, ideologically divided, and socio-economically stratified: independent, but with many ideals still unfulfilled.

OPPOSITE: Artist's rendition of Independence leaders. From a seventy-fourth anniversary publication. Bancroft checklist 27
BELOW: Although the early heroes of Mexican Independence did not sign any collective document, their signatures are assembled here. Stanford checklist 37

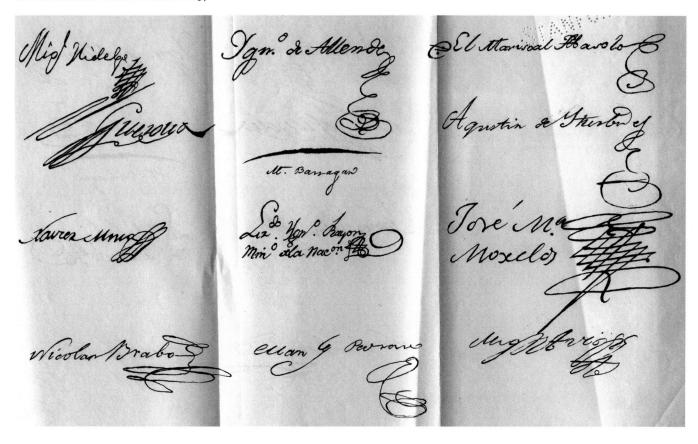

LEFT:
An 1818 Spanish royal decree allows a female soldier to wear her royalist uniform. Stanford checklist 15

RIGHT:
The role of Mexican Independence heroine la "Güera" Rodríguez in the insurgent camp is depicted in this historical novel. Stanford checklist 34

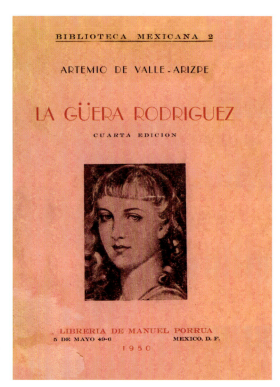

LEFT:
A 1912 broadside by José Guadalupe Posada commemorates Mexican Independence Day, September 16. Stanford checklist 3

RIGHT:
An artist's rendition (1901) of Félix María Calleja, commander of the royalist forces, and insurgency leader Father José María Morelos, the latter in the *charro* (cowboy) outfit in style at the turn of the twentieth century. Bancroft checklist 14

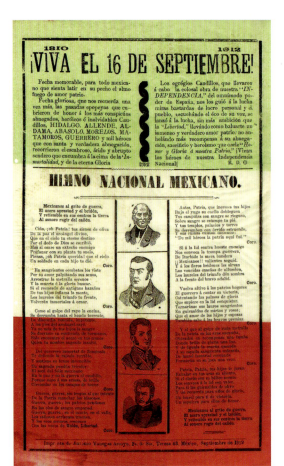

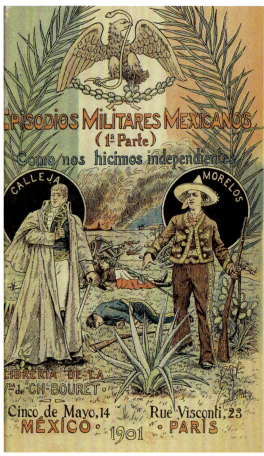

OPPOSITE: José María Morelos, the most influential leader of the Mexican insurgency in the crucial years from 1811 until his capture and execution in 1815, was a priest from the town of Carácuaro in Michoacán. His strong moral theology animated the insurgency's ideology, joining religious values and social hierarchy to ideals of popular sovereignty, liberty, and equality. Bancroft checklist 22

COSTUMES MEXICAINS.
Le Curé Morelos.
Un des chefs de l'insurrection Méxicaine (Fusillé par les Espagnols.)

POBLANAS.

ARRIEROS.

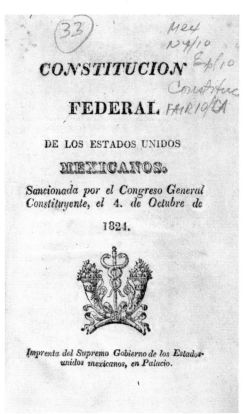

ABOVE AND LEFT:
Title page and illustration from the pocket-size edition of Mexico's first constitution (1824), in which California and Texas are mentioned.
Stanford checklist 26
Bancroft checklist 11

OPPOSITE:
Lithographs of Mexican customs by the young German architect, designer, and painter Karl Nebel (1805–1855). Between 1829 and 1834, Nebel traveled through northern mining cities, along the coasts, and in central Mexico (Mexico City and Puebla) after reading the monumental natural histories of his compatriot, Alexander von Humboldt. From the Spanish translation, first published in 1839.
Bancroft checklist 29

RIGHT:
One of a set of Independence centennial postcards depicts the triumphal entrance of General Iturbide's army into Mexico City on September 27, 1821.
Stanford checklist 2

BELOW:
The postage stamp honors Josefa Ortiz de Domínguez, one of the heroines of Independence.
Stanford checklist 33

Imágenes | Gallery
LA REVOLUCIÓN MEXICANA | THE MEXICAN REVOLUTION

Porfirio Díaz y el preludio a la Revolución
Porfirio Diaz and the Prelude to Revolution

Porfirio Díaz tomó el poder en 1876 y gobernó más de tres décadas como líder de la República Mexicana. Durante este período, Díaz estableció a sus aliados en los puestos de poder, controlando el gobierno con tenacidad y sofocando cualquier oposición.

Bajo el Porfiriato la nación mexicana experimentó un crecimiento industrial masivo por medio del fomento a las inversiones extranjeras y la eliminación de protecciones nacionales. Aunque las políticas de Díaz cambiaron radicalmente el terreno económico, social y aun físico, lo que hizo posible la transformación de México en una nación moderna, la mayoría de la población seguía en la pobreza.

Con el acercamiento del centenario de la Independencia, la desigualdad social creciente, el poder arbitrario, la corrupción y la violenta supresión de quejas unió a intelectuales, campesinos, trabajadores y la clase media en contra del dominio de don Porfirio.

Porfirio Díaz came to power in 1876 and served for more than three decades as Mexico's leader. During the *Porfiriato*, Díaz established his political allies in positions of power, tightly controlling the government and suppressing any opposition.

Under Díaz's leadership, Mexico underwent massive industrialization as he welcomed foreign investors and removed protections for national efforts. Although Díaz's policies altered Mexico's economic, social, and physical landscape, thus modernizing the country, most of Mexico's population remained impoverished.

As the centennial of Mexican Independence approached, the growing disparity between rich and poor, the limited access to government, and the violent oppression of the *Porfiriato* fueled opposition to Díaz's regime, uniting intellectuals, peasants, laborers, and the middle class against him.

OPPOSITE:
Evoking the Cananea Strike of 1906, Ignacio Aguirre and Francisco Mora of the Taller de Gráfica Popular produced this broadside in support of miners striking against Mexican Zinc Co., a subsidiary of American Smelting and Refining Co. (ASARCO), in Santa Rosita, Coahuila. Bancroft checklist 74

LEFT:
The February 7, 1904, issue of *El Ahuizote jacobino* satirizes President Porfirio Díaz for considering an additional presidential term after he pledged not to seek re-election. Stanford checklist 44

RIGHT:
One of many promotional booklets issued to attract American investors to Mexico during the *Porfiriato*. Stanford checklist 88

RIGHT:
American photographer Charles B. Waite came to Mexico to document the country's modernization. He also photographed a variety of images of daily life that were sold to tourists as postcards. "Wood carriers" appeared in *Barbarous Mexico* (1911), John Kenneth Turner's highly critical account of Mexico's impoverished conditions. Stanford checklist 52

OPPOSITE TOP:
A vast network of railroads was built during the *Porfiriato*, and railway images appeared in many landscapes of the period. Stanford checklist 71

OPPOSITE BOTTOM:
The 1897 *Atlas geográfico* includes chromolithographic maps depicting established and planned rail lines for each state and territory of Mexico. Stanford checklist 69

40

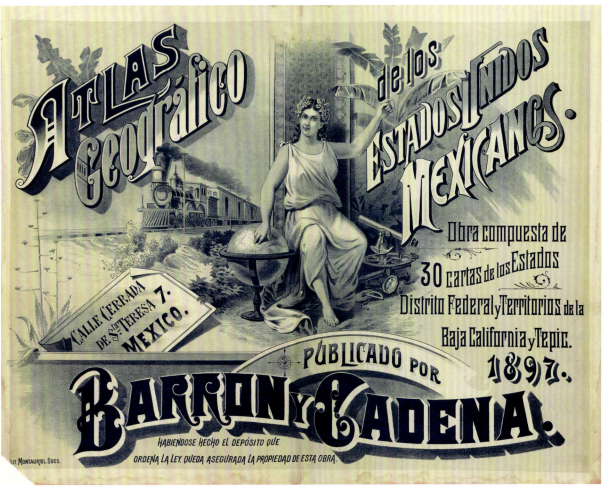

Madero y los primeros años
Madero and the Early Years

La Revolución Mexicana fue impulsada por Francisco I. Madero cuando en 1909 viajó por México en campaña electoral en contra de Díaz. Su *Plan de San Luís Potosí* denunció el régimen de aquél y propuso elecciones libres. Aunque Madero fue encarcelado y exiliado, siguió ganando apoyo popular.

Madero asumió el poder después de que las tropas revolucionarias de Pascual Orozco y Francisco "Pancho" Villa vencieran a las de Díaz en Ciudad Juárez, en 1911, y Díaz huyese a Francia. Madero pudo promulgar algunas reformas progresivas, pero tuvo que enfrentarse con las críticas tanto de los partidarios de don Porfirio como de sus compañeros revolucionarios.

A consecuencia de que la popularidad de Madero decaía, su comandante del ejército, Victoriano Huerta, se rebeló contra él. En febrero de 1913 Huerta entró en la capital con sus tropas, asumió el control del gobierno y mandó asesinar a Madero, un mártir de la revolución. Huerta, sin embargo, tampoco pudo contener la fuerza de la revolución y renunció después de su derrota militar en Zacatecas en 1914.

In 1909, Francisco I. Madero helped spark the Mexican Revolution when he traveled around Mexico campaigning against the re-election of Díaz. Madero's *Plan de San Luis Potosí* denounced the Díaz regime and called for democratic elections. Although he was jailed and later exiled, Madero continued to gain popular support.

After a series of skirmishes, the revolutionary forces of Pascual Orozco and Francisco "Pancho" Villa defeated Díaz's troops in Cuidad Juárez in 1911. Madero then became president and Díaz fled to France. Madero enacted a number of progressive reforms but continued to face fierce opposition from former Díaz supporters as well as from fellow revolutionaries who questioned his actions.

Madero's waning popularity encouraged Victoriano Huerta, to whom Madero had given command of the military, to turn on the Mexican leader. In February 1913, Huerta marched into Mexico City, seized control of the government, and ordered the assassination of Madero, a martyr of the revolution. Huerta, however, could not quell the revolution and ultimately resigned in 1914 following his military defeat in Zacatecas.

LEFT: A 1911 broadside by José Guadalupe Posada celebrates Madero's entrance into Mexico City after the fall of Porfirio Díaz. Stanford checklist 47

OPPOSITE TOP:
The last known photograph of Madero (dressed in black and facing the camera). On February 21, 1913, he and Vice President José María Pino Suárez were murdered by the escort transporting them to confinement. Bancroft checklist 77

OPPOSITE BOTTOM:
Corpses strewn before the National Palace during the *Decena trágica*, February, 1913. For ten days Mexico City's public square, the Zócalo, became a battlefield after an urban coup initially failed to overturn Madero's government. Bancroft checklist 73

RIGHT:
In this 1910 manifesto, known as the *Plan de San Luis Potosí*, Francisco I. Madero made a direct appeal to the sovereignty of the people after being jailed by Porfirio Díaz before the presidential election. Printed in bold at the bottom is Madero's campaign slogan: "Effective Suffrage. No Reelection." The plan nullified the fraudulent election and announced a program to reverse illegal land expropriations from small proprietors. Bancroft checklist 60

OPPOSITE:
An original copy of the *Plan de Ayala* as it appeared in Mexico City's newspaper *Diario del Hogar*. First promulgated on November 18, 1911, the *Plan* expressed the commitment of the Zapatistas to the principles and execution of agrarian reform on a national scale. This December 15 double edition quickly sold out. Bancroft checklist 91

PLAN DE AYALA

Plan Libertador de los hijos del **Estado deMorelos,** afiliados al Ejército Insurgente que defienden el cumplimiento del Plan de **San Luis Potosí,** con las reformas que ha creido conveniente aumentar en beneficio de la Patria Mexicana.

Los que subscribimos, constituidos en Junta Revolucionaria, para sostener y llevar a cabo las promesas que hizo la Revolución de 20 de Noviembre de 1910, próximo pasado, declaramos solemnemente ante la faz del mundo civilizado, que nos juzga, y ante la Nación a que pertenecemos y amamos, los propósitos que hemos formulado para acabar con la tiranía que nos oprime y redimir a la Patria de las dictaduras que se nos imponen, las cuales quedan determinadas en el siguiente Plan.

1. Teniendo en consideración que el Pueblo Mexicano acaudillado por don Francisco I. Madero, fué a derramar su sangre por conquistar las libertades y reivindicar sus derechos conculcados, y no para que un hombre se adueñara del Poder violando los sagrados principios que juró defender bajo el tema de "Sufragio Efectivo," "No Reelección," ultrajando la fé, la causa, la justicia y las libertades del pueblo, teniendo en consideración que ese hombre, a que nos referimos es don Francisco I. Madero, el mismo que inició la precitada Revolución, el cual impuso por norma su voluntad e influencia al Gobierno Provisional del ex-Presidente de la República, Lic. don Francisco L. de la Barra, por haberle aclamado el pueblo su Libertador, causando con este hecho reiterados derramamientos de sangre, multiplicadas desgracias a la Patria de una manera solapada y ridícula, no teniendo otras miras que satisfacer mas que ambiciones personales, sus desmedidos instintos de tirano y su profundo desacato al cumpli- de las leyes preexistentes emanadas del inmortal Código de 57 escrito con la sangre de los revolucionarios de Ayutla; teniendo en consideración que el llamado jefe de la Revolución Libertadora de México, C. don Francisco I. Madero, no llevó a feliz término la Revolución que tan gloriosamente inició con el apoyo de Dios y del pueblo, puesto que dejó en pié la mayoría de poderes gubernativos elementos corrompidos de opresión del Gobierno dictatorial de Porfirio Díaz, que no son, ni pueden ser en manera alguna la legítima representación de la Soberanía Nacional, y que por acérrimos adversarios nuestros y de los principios que hasta hoy defendemos, están provocando el malestar del País y abriendo nuevas heridas al seno de la Patria para darle a beber su propia sangre; teniendo en consideración que el supradicho señor Francisco I. Madero, actual Presidente de la República, trata de eludirse del cumplimiento de las promesas que hizo a la Nación en el Plan de San Luis Potosí, ciñendo las precitadas promesas a los convenios de Ciudad Juárez, ya nulificando, encarcelando, persiguiendo o matando a los elementos revolucionarios que le ayudaron a ocupar el alto puesto de Presidente de la República por medio de falsas promesas y numerosas intrigas a la Nación; teniendo en consideración que el tantas veces repetido señor Francisco I. Madero ha tratado de ocultar con la fuerza bruta de las ballonetas y de ahogar en sangre a los pueblos que le piden, solicitan o exigen el cumplimiento de sus promesas a la Revolución, llamándoles bandidos y rebeldes, condenando a una guerra de exterminio sin conceder ni otorgar ninguna de las garantías que prescriben la razón, la justicia y la ley; teniendo en consideración que el Presidente de la República, señor Francisco I. Madero, ha hecho del Sufragio Efectivo una sangrienta burla al pueblo, ya imponiendo contra la voluntad del mismo pueblo en la Vice-Presidencia de la República al Lic. José María Pino Suárez, o ya a los Gobernadores de los Estados designados por él, como el llamado General Ambrosio Figueroa, verdugo y tirano del pueblo de Morelos, ya entrando en contubernio escándaloso con el partido científico, hacendados feudales y caciques opresores enemigos de la Revolución proclamada por él, a fin de forjar nuevas cadenas, y de seguir el molde de una nueva dictadura, más oprobiosa y más terrible que la de Porfirio Díaz; pues ha sido claro y patente que ha ultrajado la Soberanía de los Estados, conculcando las leyes sin ningún respeto a vidas e intereses, como ha sucedido en el Estado de Morelos y otros, conduciéndonos a la más horrorosa anarquía que registra la historia contemporánea; por estas consideraciones declaramos al susodicho Francisco I. Madero, inepto para realizar las promesas de la Revolución de que fué autor, por haber traicionado los principios con los cuales burló la fé del pueblo, y pudo haber escalado el poder incapaz para gobernar, por no tener ningún respeto a la ley y a la justicia de los pueblos, y traidor a la Patria por estar a sangre y fuego humillando a los mexicanos que desean libertades, por complacer a los científicos, hacendados o caciques que nos esclavizan, desde hoy comenzamos a continuar la Revolución principiada por él, hasta conseguir el derrocamiento de los poderes dictatoriales que existen.

2. Se desconoce como Jefe de la Revolución al C. Francisco I. Madero y como Presidente de la República, por las razones que antes se expresan, procurando el derrocamiento de este funcionario.

3. Se reconoce como Jefe de la Revolución Libertadora al ilustre C. General Pascual Orozco, segundo del Caudillo Francisco I. Madero, y en caso de que no acepte este delicado puesto, se reconocerá como Jefe de la Revolución al C. General Emiliano Zapata.

4. La Junta Revolucionaria del Estado de Morelos, manifiesta a la Nación, bajo formal promesa:

Que hace suyo el Plan de San Luis Potosí, con las adiciones que a continuación se expresan, en beneficio de los pueblos oprimidos, y se hará defensora de los principios que defiende hasta vencer o morir.

5. La Junta Revolucionaria del Estado de Morelos, no admite transacciones ni componendas políticas, hasta no conseguir el derrocamiento de los elementos dictatoriales de Porfirio Díaz y don Francisco I. Madero; pues la Nación está cansada de hombres falaces y traidores que hacen promesas como libertadores, pero que al llegar al poder, se olvidan de ellas y se constituyen en tiranos.

6. Como parte adicional del Plan que invocamos, hacemos constar: que los terrenos, montes y aguas que hayan usurpado los hacendados, científicos o caciques a la sombra de la tiranía y de la justicia venal, entrarán en posesión de estos bienes inmuebles desde luego, los pueblos o ciudadanos que tengan sus títulos correspondientes de esas propiedades, de las cuales han sido despojados, por mala fé de nuestros opresores, manteniendo a todo trance con las armas en la mano, la mencionada posesión, y los usurpadores que se consideren con derecho a ellos, lo deducirán ante tribunales especiales que se establezcan al triunfo de la Revolución

7. En virtud de que la inmensa mayoría de los pueblos y ciudadanos mexicanos, no son más dueños que del terreno que pisan, sufriendo los horrores de la miseria sin poder mejorar su situación y condición social ni poder dedicarse a la industria o a la agricultura por estar monopolizados en unas cuantas manos las tierras, montes y aguas; por esta causa se expropiarán previa indemnización de la tercera parte de esos monopolios, a los poderosos propietarios de ellas, a fin de que los pueblos y ciudadanos de México, obtengan egidos, colonias, feudos legales para pueblos, o campos de sembradura y de labor y se mejore en todo y para todo la falta de prosperidad y bienestar de los mexicanos.

8 Los hacendados, científicos o caciques que se opongan directa o indirectamente al presente Plan, se nacionalizarán sus bienes y las dos terceras partes que a ellos correspondan, se destinarán para indemnizaciones de guerra, pensiones de viudas y huerfanos de las víctimas que sucumban en la lucha del presente Plan.

9. Para ejecutar los procedimientos respecto a los bienes antes mencionados, se aplicarán las leyes de desamortización según convenga; pues de norma y ejemplo pueden servir las puestas en vigor por el inmortal Juárez, a los bienes eclesiásticos que escarmentaron a los déspotas y conservadores que en todo tiempo han pretendido imponernos el yugo ignominoso de la opresión y del retroceso.

10. Los Jefes militares Insurgentes de la República, que se levantaron con las armas en la mano a la voz de don Francisco I. Madero, para defender el Plan de San Luis Potosí y que ahora se opongan con fuerza armada al presente Plan, se juzgarán traidores a la causa que defendieron y a la Patria, puesto que en la actualidad muchos de ellos por complacer a los tiranos, por un puñado de monedas, o por cohecho o soborno, están derramando sangre de sus hermanos que reclaman el cumplimiento de las promesas que hizo a la Nación don Francisco I. Madero.

11. Los gastos de guerra serán tomados conforme a lo que prescribe el título XI del Plan de San Luis Potosí y todos los procedimientos empleados en la Revolución que emprendemos, serán conforme a la instrucción misma que determina el mismo Plan.

12. Una vez triunfante la Revolución que hemos llevado a la vía de la realidad una junta de los principales Jefes revolucionarios de los distintos Estados, nombrarán o designarán un Presidente Interino de la República, quién convocará a elecciones para la nueva forma del Congreso de la Unión, y éste a la vez convocará a elecciones para organización de los demás poderes federales.

13. Los principales Jefes revolucionarios de cada Estado, en Junta designaran el Gobernador Provisional del Estado a que corresponde, y éste elevado funcionario convocará a elecciones para la debida organización de los poderes públicos, con el objeto de evitar consignas forzosas que labran las desdichas de los pueblos como la tan conocida consigna de Ambrosio Figueroa en el Estado de Morelos y otros que nos conducen al precipicio de conflictos sangrientos sostenidos por el capricho del dictador Madero y el círculo de científicos y hacendados que lo han sugestionado.

14. Si el Presidente Madero y otros elementos dictatoriales, del actual y antiguo régimen, desean evitar inmensas desgracias que afligen a la Patria, que hagan inmediata renuncia del puesto que ocupan, y con eso restañarán las grandes heridas que han abierto al seno de la Patria, pues de no hacerlo así, sobre sus cabezas caerá la sangre derramada de nuestros hermanos.

15. MEXICANOS: considerad que la astucia y la mala fé de un hombre está derramando sangre de una manera escandalosa por ser incapaz para gobernar: considerad que su sistema de Gobierno está aherrojando a la Patria y aherrojando con la fuerza bruta de las ballonetas, nuestras instituciones, y así como nuestras armas las levantamos para elevarlo al poder, ahora las volvemos contra él por haber faltado a sus compromisos con el pueblo mexicano y haber traicionado a la Revolución: no somos personalistas, somos partidarios de los principios y no de los hombres.

Pueblo Mexicano: Apoyad con las armas en la mano este Plan, y haréis la prosperidad y bienestar de la Patria.

JUSTICIA Y LEY. Ayala, Noviembre 28 de 1911.

General Emiliano Zapata, Gral. José T. Ruiz, Gral. O. E. Montaño, Gral. Francisco Mendoza, Gral. Jesús Morales, Gral. Eufemio Zapata, Gral. Próculo Capistrán, Crnl. Agustín Cázares, Crnl. Rafael Sánchez, Crnl. Cristobal Domínguez, Crnl. Santiago Aguilar, Crnl. Feliciano Domínguez Crnl. Fermín Omaña, Crnl. Pedro Salazar, Crnl. Jesus Sánchez, Crnl. Felipe Vaquero, Crnl. Clotilde Sosa, Crnl. José Ortega, Crnl. Julio Tapia, Tnte. Crnl. Alfonso Morales, Crnl. Gonzalo Aldape Cap. Manuel Hernández H., Cap. José Pineda, Cap. Ambrosio López, Cap. Apolinar Adorno, Cap. José Villanueva, Cap. Porfirio Cázares, Cap. Antonio Gutierrez Cap. Antonio Balbuena, Crnl. N. Vergara, Cap. O. Neró, C. Vergara, A. Pérez, S. Rivera, M. Camacho, T. Galindo, L. Franco, J. M. Carrillo, S. Guevara, A. Ortíz, J. Escamilla, A. Cortés, J. Estudillo, F. Galarza, Tnte. Alberto Bulmenkron, Crnl. S. Aguilar, Crnl. A. Salazar, Q. González, F. Caspeta, P. Campos.

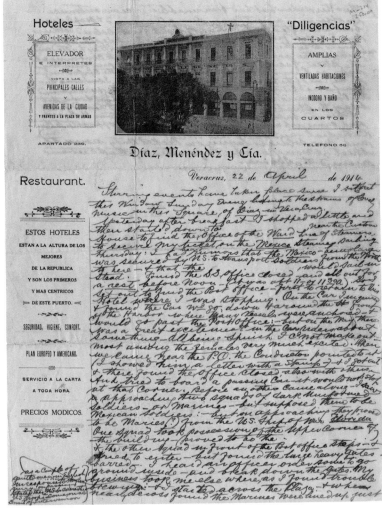

ABOVE: Interest in the Mexican Revolution swelled in the United States with the U.S. military occupation of Veracruz in April, 1914. Shown here is the raising of the American flag by U.S. troops in Veracruz. Bancroft checklist 93

TOP: Five Minutes before the Fight. During the 1914 U.S. intervention in Veracruz, a company of soldiers massacred Mexican civilians resisting in front of the Hotel Diligencias. Bancroft checklist 93

ABOVE: This letter from an anonymous writer gives an eyewitness account of the U.S. occupation, vividly describing the chaos and confusion that unfolded with the attacks of the U.S. troops and the attempt by Mexicans to resist. Bancroft checklist 92

La intervención de EE.UU. en 1914

La Revolución Mexicana trastornaba las relaciones entre EE.UU. y México. Los presidentes William Howard Taft y Woodrow Wilson siguieron de cerca la situación mexicana. Se supone que el embajador Henry Lane Wilson influyó en el golpe de estado que derribó a Madero, la *Decena trágica*. El presidente Wilson lo destituyó, reemplazándolo por el enviado especial John Lind. A continuación, EE.UU. mandó tropas a Veracruz en 1914 para cortar el suministro de municiones que Alemania enviaba a Victoriano Huerta. Después de una batalla, las fuerzas estadounidenses tomaron posesión no sólo del puerto, sino también de la ciudad, acciones que dificultarían las relaciones entre EE.UU. y México durante años.

TOP:
The U.S. Naval Brigade awaits instruction in Veracruz.
Bancroft checklist 93

BOTTOM:
Gunfire from U.S. Marines riddled the naval academy building. Young Mexican cadets in training had boldly remained there in April, 1914, to resist the invasion.
Bancroft checklist 93

The U.S. Intervention of 1914

The Mexican Revolution was a turbulent time for U.S.-Mexico relations. Presidents William Howard Taft and Woodrow Wilson closely monitored developments in Mexico. The U.S. ambassador to Mexico, Henry Lane Wilson, was likely involved in the overthrow of Madero during the *Decena trágica* (Ten Tragic Days); President Wilson recalled Ambassador Wilson and replaced him with Special Envoy John Lind. In 1914, the U.S. sent troops into Veracruz to prevent the Germans from supplying Victoriano Huerta with ammunition. After a brief battle, U.S. forces not only took the harbor, but also claimed possession of the city. The actions by the United States would strain U.S.-Mexico relations for years to come.

This wanted poster is dated March 9, 1916, the same day that Pancho Villa raided the small town of Columbus, New Mexico. Retaliation came in the form of a punitive expedition sent by Woodrow Wilson, who was under political pressure to take action, despite warnings from President Carranza that an invasion of Mexican territory would be considered an act of war. *Carrancista* soldiers and Mexican civilians alike refused to cooperate with Pershing's troops, angered by their presence and at the same time amused to hear of Villa evading capture in the mountains of Chihuahua. Bancroft checklist 99

Pancho Villa y la Expedición Punitiva de 1916

Después de la muerte de Madero y la caída de Huerta, la Revolución se escindió. Pancho Villa se convirtió en jefe principal del ejército del norte. En 1915 Estados Unidos reconoció el gobierno de Venustiano Carranza, rival de Villa; y, en venganza, Villa asaltó a los ciudadanos americanos y sus propiedades en el norte de México, lanzando de vez en cuando incursiones en EE.UU.

En 1916 Villa atacó el pueblo de Columbus, Nuevo México, y como consecuencia, el presidente Wilson mandó al General John J. Pershing a México para capturar a Villa. El fracaso de Pershing transformó al jefe mexicano en héroe en la memoria popular. Sin embargo, la presencia militar de EE.UU. en la frontera debilitó a Villa, cortándole el suministro de dinero y armas, lo cual en última instancia benefició a Carranza.

Pancho Villa and the Punitive Expedition of 1916

After Madero's death and the fall of Huerta, the revolution splintered into a number of factions. In the north, Pancho Villa became the primary military leader. In 1915, the United States officially recognized the government of Venustiano Carranza, Villa's rival. Villa, betrayed by the U.S., attacked American property and citizens in northern Mexico, even launching periodic incursions across the border.

In 1916 Villa attacked the border town of Columbus, New Mexico, and President Wilson ordered General John J. Pershing to mount the Punitive Expedition into Mexico and capture Villa. Pershing's failure to apprehend the Mexican leader transformed Villa into a folk hero. The United States' reinforced presence on the border, however, weakened Villa's supply chain of money and arms, which ultimately benefited Carranza.

TOP: Columbus, New Mexico (pop. 600), after Villa's raid. Bancroft checklist 94

RIGHT: U.S. soldier Fred L. Walker was en route from Manila to the Mexican border to serve in the Pershing Punitive Expedition when he wrote this diary entry in January, 1915. Stanford checklist 75

BELOW: General John J. Pershing with his aide Lt. [James L.] Collins at the headquarters of the U.S. forces in Colonia Dublán, Mexico, 1916. Stanford checklist 78

Emiliano Zapata y la Revolución en el Sur

Emiliano Zapata and the Revolution in the South

En 1910 Emiliano Zapata, gran defensor de la reforma agraria y de los derechos de indígenas y campesinos, colaboró con Madero, Villa y otros líderes revolucionarios en contra del Porfiriato. Poco después de que Madero asumiera el poder, Zapata fue desilusionado por el lento progreso del nuevo gobierno y por las concesiones hechas a la élite mexicana por Madero. El *Plan de Ayala*, redactado por Zapata en 1911, definió de una vez para siempre sus ideas políticas y anunció su separación de Madero. En su larga lucha, Zapata nunca olvidó su compromiso con las clases bajas y su derecho a tierra y agua. Cuando Carranza llegó al poder, desatendió la cuestión agraria y por eso Zapata siguió luchando. Como había dicho una vez a Madero, si el pueblo no puede conseguir sus derechos ahora, mientras tenga las armas; sin ellas, no tendría oportunidad de hacerlo. Zapata fue asesinado por Carranza en 1919, pero su ejemplo y su ideología seguirían inspirando a las futuras generaciones mexicanas.

A steadfast advocate of land reform and the rights of the indigenous peoples and campesinos of Mexico, Emiliano Zapata joined Francisco I. Madero, Pancho Villa, and others in 1910 to oppose the *Porfiriato*. Soon after Madero assumed power, Zapata became disillusioned by the slow progress of the new government and Madero's concessions to Mexico's elites. In 1911, Zapata drafted the *Plan de Ayala*, which articulated his political ideas and announced his separation from Madero. In his long struggle, Zapata never wavered from his concern for the poor and disenfranchised and their right to land and water. When Carranza came to power, he diluted the political language related to agrarian reform. Thus Zapata would continue to fight, for, as he said to Madero, if the people could not win their rights now, when they were armed, they would have no chance once they were unarmed and helpless. Zapata was killed in 1919, but his legacy and ideologies continued to inspire later generations.

LEFT:

In this letter of October 22, 1914, Zapata requests 4,000 pesos to cover travel expenses of a thirty-member commission he wished to send to a political convention in Aguascalientes.
Bancroft checklist 148

RIGHT:

Zapata on horseback (slightly right of center in a dark jacket) in the company of members of his Army of Liberation.
Bancroft checklist 88

TOP: An early tank like those first used by the U.S. Army during the Pershing Punitive Expedition (undated). Stanford checklist 102

BOTTOM: Men gather around the remains of an airplane that was probably shot down in Mexican territory (undated). Stanford checklist 100

Maquinaria de guerra

Durante la Revolución Mexicana EE.UU. proporcionó rifles, ametralladoras y cañones tanto a los bandos revolucionarios como a los federales. Por primera vez el ejército norteamericano hizo uso de vehículos motorizados en la Expedición Punitiva de Pershing en busca de Pancho Villa dentro del territorio mexicano en 1916. También se probó el uso de aviones durante esta época. Una postal titulada (en inglés) "Telégrafo norteamericano" muestra el uso de los equipos más adelantados del momento para captar subrepticiamente las comunicaciones mexicanas.

Los niños pelearon en ambos bandos, algunos reclutados forzosamente por los federales, otros acompañando a sus madres soldaderas. La mayoría eran huérfanos de guerra con pocas opciones para sobrevivir.

Machinery of War

During the Mexican Revolution the United States provided both revolutionary and government troops with rifles, machine guns, and cannon. Motorized vehicles were first used by the U.S. Army during Pershing's pursuit of Pancho Villa into Mexico in 1916. Airplanes also had some of their earliest tests during this period. A postcard titled "U.S. Wireless Telegraph" shows the use of the most sophisticated eavesdropping equipment available at the time to tap into Mexican communications.

Child soldiers fought on both sides. Some were forcibly recruited into the federal troops; others accompanied their *soldadera* mothers. Most were war orphans who had few survival options.

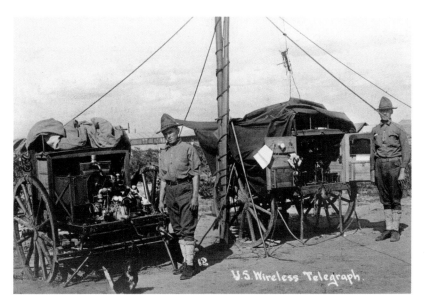

TOP: Pershing Expedition troops in Mexico (undated). Stanford checklist 104

BOTTOM: Carranza's forces, among them Yaqui Indians from Sonora, repelled Villa's attack on the border town of Agua Prieta in 1915. Bancroft checklist 138

ABOVE: Undated postcard of a girl soldier. Stanford checklist 99

The attire of this disabled soldier shows that he belongs to the revolutionary army of Pancho Villa (undated). Stanford checklist 103

Execution of captured "bandits" (*Villistas*) during General Pershing's punitive expedition. Bancroft checklist 113

El coste humano de la guerra
The Human Cost of War

Más de un millón de personas perdieron la vida durante los años de contienda. Esta carnicería bélica aparece documentada con imágenes macabras en postales que se vendían a los soldados y al público en ambos lados de la frontera entre México y EE.UU. Ni siquiera la valiente pose del soldado a pesar de su pierna de madera puede ocultar el coste humano de la guerra.

More than a million people died during the years of ongoing civil strife. Some of this war carnage was documented with macabre images of dead bodies on postcards sold to soldiers and the general public on both sides of the U.S.-Mexico border. Even the valiant pose of an amputee soldier fitted with a wooden leg cannot hide the human cost of war.

After the massacre of Mexican civilians in front of the Hotel Diligencias during the 1914 U.S. intervention in Veracruz. The U.S. contributed to the loss of life during the Revolution, with many Mexicans killed in Veracruz and by the punitive expedition led by Pershing into northern Mexico. Bancroft checklist 93

Venustiano Carranza y la política de la Revolución
Venustiano Carranza and the Politics of the Revolution

La renuncia de Huerta en 1914 dejó a Venustiano Carranza, el general constitucionalista y ex-gobernador de Coahuila, al mando del gobierno provisional. Los extranjeros y la clase alta de México asociaban a Carranza con las políticas progresistas que había promovido como gobernador, sobre todo con respecto a la tierra, a la asistencia médica y al arbitraje laboral. Por eso miraban con reojo mientras Carranza se enfrentaba a sus rivales revolucionarios y en 1915 devolvía ciertas tierras expropiadas a los pueblos, demostrando así su compromiso para resolver el problema agrario, elemento clave de la ideología revolucionaria. Estableció además la jornada laboral de ocho horas y forjó lazos de solidaridad con la Casa del Obrero Mundial, que proporcionaba apoyo militar a los Constitucionalistas. Estas reformas fueron consagradas en la Constitución de 1917, la cual estableció la reforma agraria, nacionalizó el petróleo y los recursos minerales, reconoció el sueldo mínimo y los derechos laborales y secularizó la educación. Aunque el estado mexicano tuvo un éxito limitado en cuanto a la realización de estas reformas, los capitalistas e inversionistas norteamericanos respiraron mejor cuando Álvaro Obregón, general del ejército federal, y Plutarco Elías Calles, Ministro de Industria y Trabajo, se aprovecharon del descontento popular para sublevarse contra Carranza en 1920.

Huerta's resignation in 1914 left Carranza, the Constitutionalist general and former governor of Coahuila, in control of the provisional government. Associated with progressive policies on land, health care, and labor, and a committed nationalist, Carranza was watched anxiously by foreigners and Mexico's upper classes as he consolidated his authority against revolutionary rivals. In 1915, Carranza returned expropriated land to rural villages, demonstrating his commitment to agrarianism, one of the pillars of revolutionary ideology. He also instituted an eight-hour workday and forged ties with the Casa del Obrero Mundial (worker's union), which provided military support to the Constitutionalists. With the revolution firmly in power, these reforms were enshrined in the Constitution of 1917, which addressed public land use, nationalized oil and mineral resources, granted workers minimum wages and the right to organize, and secularized education. Although the Mexican state had limited success enacting these reforms, capitalists and U.S. investors breathed a sigh of relief when Carranza's general, Álvaro Obregón, and his minister of industry and labor, Plutarco Elías Calles, seized on his falling popularity to rebel in 1920.

Mexico's progressive 1917 Constitution. Bancroft checklist 136

President Carranza, center front, and his cabinet (undated). Seated to Carranza's left is Gen. Álvaro Obregón, who later became president and would lose his right arm while defeating Villa's troops in the 1915 Battle of Celaya. Stanford checklist 94

LEFT: Carranza among his supporters, at the time when he was consolidating his power with the help of the labor unions. Bancroft checklist 156

BELOW: Women's rights were a major focal point of the revolution, especially for the Constitutionalists. Here some 600 attendees, mostly primary school teachers, debated women's education and work at a feminist congress held in January, 1916, in Mérida, Yucatán. Bancroft checklist 150

RIGHT:
Luis Medina and Tomasa Camacho de Medina with daughter Luz, mother of California artist Ester Hernandez. Aguascalientes, Mexico, ca. 1912. Stanford checklist 114

OPPOSITE TOP:
Postcard photographer Walter H. Horne satisfied a high demand for scenes of combat and major revolutionary leaders, but scenes of everyday life such as this present another aspect of the Revolution. Bancroft checklist 117

OPPOSITE BOTTOM:
Postcard of Mexican refugees awaiting assignment to camp in New Mexico, February 2, 1917. Stanford checklist 117

OPPOSITE RIGHT:
Juan Felipe Herrera's grandmother and aunt, El Paso, Texas, 1912. Stanford checklist 115

Diáspora

Una década de guerra civil causó un gran desplazamiento humano. Entre 1910 y 1920 más de 800.000 refugiados huyeron al norte a los Estados Unidos.

La experiencia anónima de una postal de la época, "refugiados esperando en un campamento", se convierte en realidad en las palabras de la artista de San Francisco Ester Hernández: "Mi abuelo estaba medio ciego y su escuela para carpinteros fue tomada por las tropas y él terminó huyendo tras resistir la invasión. Finalmente mi familia se asentó en el Valle de San Joaquín en California, donde yo nací." En 1917 a la abuela del poeta californiano Juan Felipe Herrera le tocó hacer un viaje parecido al norte, hacia El Paso, Texas.

Hacia 1914 las clases altas se unieron a otros refugiados y empezaron a emigrar en grandes cantidades. Al entrar los Estados Unidos en la Primera Guerra Mundial, las condiciones económicas hicieron que las autoridades relajaran los reglamentos estrictos de inmigración, permitiendo así la entrada de mexicanos al mercado laboral del campo, la minería, el ferrocarril y la construcción.

Diaspora

A decade of civil war caused a major displacement of people. Between 1910 and 1920 more than 800,000 refugees fled north to the United States.

The anonymous experience of "refugees awaiting assignment to camp" from a postcard of the period becomes personal in the words of San Francisco artist Ester Hernandez: "My grandfather was partly blind and had a school for carpenters. It was taken over by some soldiers, and he was run out because he resisted. My family eventually settled in the San Joaquin Valley of California, where I was born." The grandmother of California poet Juan Felipe Herrera endured a similar journey north to El Paso in 1917.

By 1914 the upper classes joined other refugees and began to immigrate in large numbers as well. As the United States entered World War I, domestic economic conditions made it desirable to authorize waivers to strict immigration regulations, allowing Mexican workers to enter the agricultural labor market as well as the railroad, mining, and construction fields.

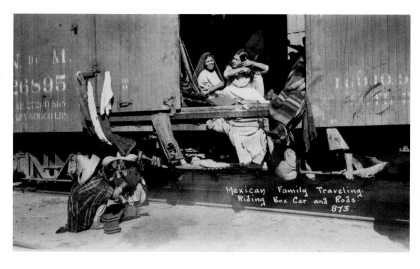

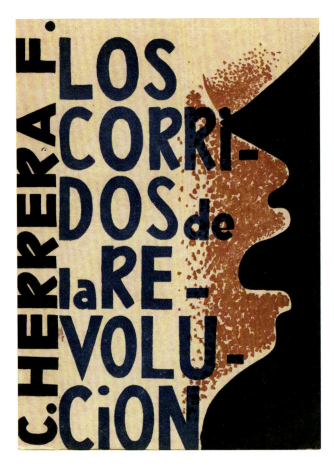

El imaginario popular

Una imagen emblemática de la Revolución que continúa cautivando la imaginación popular es la de la soldadera. Esta mujer valiente ha sido inmortalizada e idealizada como *Adelita* y *Valentina* en canciones y películas, aun cuando su destino fue probablemente más trágico de lo que se representa en la ficción.

De igual manera, los corridos celebraban eventos importantes o conmemoraban la muerte de héroes revolucionarios como Pancho Villa y Zapata. Esta narrativa épica llegó a un público de masas por medio de las hojas sueltas o cuadernillos, como el corrido de *La maderista*, ilustrado por las xilografías de José Guadalupe Posada y distribuido en tamaño de bolsillo.

México Insurgente, de John Reed, apareció en las páginas de *Metropolitan Magazine* y la *New York World* como una serie de reportajes desde el frente revolucionario durante los cuatro meses que Reed pasó con las tropas de Pancho Villa en 1913. Esto le dio gran renombre al joven reportero que, después de una breve estancia en Estados Unidos, partió para Europa, alcanzando todavía más fama como testigo de la Revolución rusa.

ABOVE LEFT: **Songs of the Revolution, 1934, illustrated by Leopoldo Méndez of the artistic collective Taller de Gráfica Popular. Stanford checklist 57**

ABOVE RIGHT: *La Maderista*. **Stanford checklist 59**

Popular Imagination

One emblematic image from the Revolution that continues to captivate the popular imagination is that of the woman soldier or *soldadera*. This *mujer valiente* (valiant woman) has been immortalized and romanticized in songs and movies, such as *Adelita* and *Valentina*, even when her destiny was probably more tragic than fictionalized accounts portray.

Likewise, the lyrics of *corridos* (ballads) celebrated crucial events or commemorated the death of revolutionary heroes like Pancho Villa and Zapata. These larger-than-life narratives reached a mass audience through the distribution of *hojas sueltas* (broadsides) and *cuadernillos* (chapbooks), such as *La maderista*, a *corrido* illustrated by the woodcuts of José Guadalupe Posada and printed in a pocket-sized format.

John Reed's *Insurgent Mexico* first appeared in the pages of *Metropolitan Magazine* and the *New York World* as a series of war reports based on his four-month stay with Pancho Villa's troops in 1913. It gained a popular following for the young reporter, who left for Europe after a short stay in the United States. Reed gained further fame as a witness to the Russian Revolution.

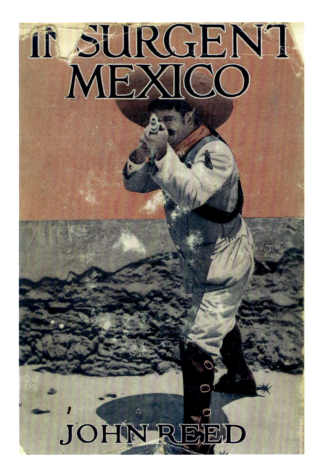

TOP LEFT AND RIGHT: John Reed's *Insurgent Mexico* (1914) was published in a Russian edition in 1925. Stanford checklist 89 and 90

ABOVE: Postcard of a woman soldier surrounded by revolutionaries, most likely after the first battle at Ciudad Juárez in April 1911. Stanford checklist 62; Bancroft checklist 118

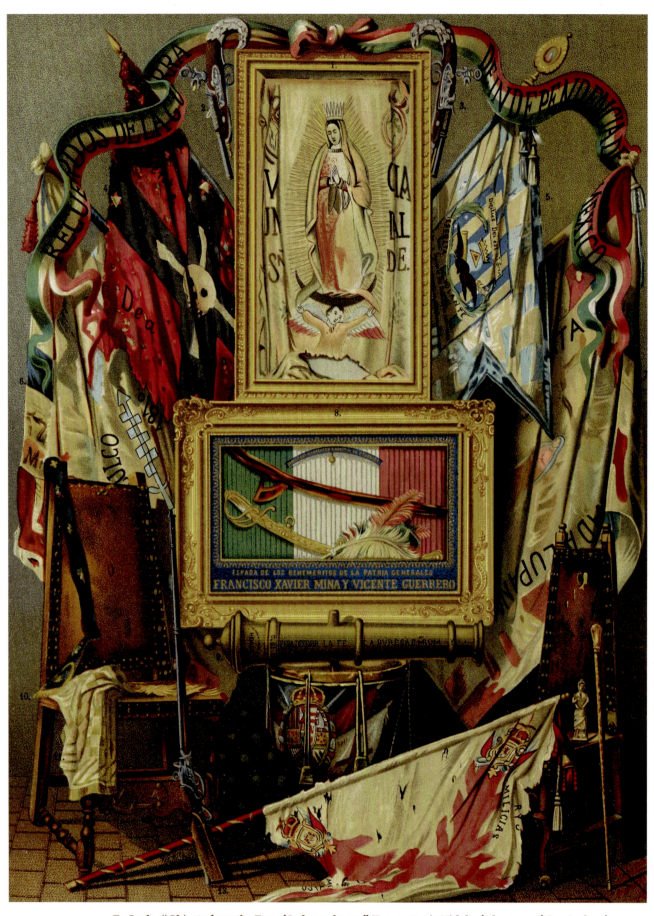

R. Canlo. "Objects from the Era of Independence." Top center is Hidalgo's banner of Our Lady of Guadalupe. Bancroft checklist 10; Stanford checklist 4

Exhibition Checklist: The Bancroft Library

The Struggle for Independence
La lucha por la Independencia

1. *Agustín de Iturbide, Emperador de México*
⌈postcard from Mexico, dated 1954, of a portrait painting of Iturbide⌉
Gelatin silver print
Bancroft Portrait Collection

2. José Francisco Álvarez (attrib.)
⌈Field message from a member of the Royalist forces to an unidentified addressee written on linen cloth, May 1811?⌉
Documents concerning the Wars of Independence: Mexico, 1811–1844.
BANC MSS M-M 1830:2
Illustrated, pages 12–13

3. *Aviso. Un Europeo Americano convida al pueblo humilde de México a salir a recibir en triunfo a su libertador el héroe Iturbide el día de su entrada . . . México 26 de septiembre de 1821* ⌈Broadside⌉
México: 1821
x F1203.P16 v.36, no.90

4. Francisco Xavier de Balmis
Retrato político del Emperador de los Franceses: su conducta y la de sus Generales en España, y la lealtad y valor de los Españoles por su soberano Fernando VII
México: Oficina de Arizpe, 1808.
DP204 .C58 1808 no. 9

5. José Brillante
"Diario de los mobimientos y operaciones de la división volante de Zacatecas, que al Señor Brigadier Don Diego García Conde, remite el Comandante de la misma"
Villa de Lagos ⌈México⌉, January 21, 1815.
BANC MSS 2001/9 m

6. Robert Burford
Description of a View of the City of Mexico, and Surrounding Country, Now Exhibiting in the Panorama, Leicester-square. Painted by . . . J and R. Burford from drawings taken in the summer of 1823, brought to this country by Mr. W. Bullock
London: Printed by J. and C. Adlard, 1826.
F1386.B9 1826

7. Carlos María de Bustamante
Apuntes para la Historia del Gobierno del G⌈ene⌉ral Guadalupe Victoria, primer Presidente de los Estados Unidos Mexicanos
México, s.l.: 1830.
BANC MSS M-M 28

8. Carlos María de Bustamante
Campañas del general d⌈on⌉ Felix María Calleja, comandante en gefe del ejército real de operaciones llamado del centro
México: Imprenta del Águila, Dirigida por José Ximenes, 1828.
x F1232.B94

9. Carlos María de Bustamante
Cuadro histórico de la revolución de la América Mexicana, comenzada en quince de septiembre de mil ochocientos diez, por el ciudadano Miguel Hidalgo y Costilla
México: Imprenta del Águila, 1823–32.
x F1232.B95 v.1

10. R. Canlo
"Objetos de la época de la Independencia"
in Vicente Riva Palacio
México a través de los siglos. Historia general y completa del desenvolvimiento social, político, religioso, militar, artístico, científico y literario de México desde la antigüedad más remota hasta la época actual . . .
Barcelona: Espasa y Compañia ⌈1888–89⌉.
f F1226.R6 vol. 3
Illustrated, page 62

11. *Constitución Federal de los Estados Unidos Mexicanos: sancionada por el Congreso General Constituyente, el 4. de Octubre de 1824.* ⌈In a collection of constitutions of Mexico and Spain published 1811–43⌉
⌈México⌉: Impr. del Supremo Gobierno de los Estados Unidos Mexicanos, en Palacio, ⌈1824⌉.
x F1223.3 .M61 1811–43v.1:5
Illustrated, page 35

12. Domínguez Studio
Two Children, 1910 Celebration of 1810 Revolution
Gelatin silver print
Modern print made from the Domínguez Studio's archive of negatives
BANC PIC 2003.056—PIC folder 2

13. *Dudas sobre el Plan de Iguala* ⌈número 1⌉
⌈México: Imprenta Imperial de A. Valdés, 1821.⌉
x F1206.D86

14. Heriberto Frías
Episodios militares mexicanos; principales campañas, jornadas, batallas, combates y actos heroicos que ilustran la historia del ejército nacional desde la independencia hasta el triunfo definitivo de la república . . .
París, México: La Viuda de C. Bouret, 1901.
F1231.5.F89 v. 1
Illustrated, page 32

15. Auguste Génin
Nuevo cuadro histórico mexicano, formado por Augusto Génin ⌈Map includes railroads and scenes in Mexican history⌉
⌈S.l.⌉ Antigua Litografía Debray, Montauriol Sucs., 1893.
F1226 1893.G3

16. Vicente Gómez de la Cortina
"Donativo y préstam⌈o⌉ del Conde de la Cortina, 1816"
BANC MSS 90/145 m

17. Jacques Grasset de Saint-Sauveur
Esclave du Mexique
Print: etching with engraved border, hand-colored
BANC PIC 1981.154—PIC

18. Tribunal de la Inquisición en México
Sabed: que Joséf Napoleon ha tenido la temeridad de tocar desde Madrid su ronca trompeta para excitar a la revelión más infame, a la más enorme traición, y a una horrenda Anarquía a los fieles Pueblos de la América Española . . . [Broadside]
[Mexico City:] Mexican Inquisition, 1810.
ff F1203.D5 v.3

19. Agustín de Iturbide
Plan del Sr. coronel D. Agustín de Iturbide: publicado en Iguala el 24 febrero de 1821
[Plan de Iguala]
[Mexico City: s.n., 1821.]
F1232.I74.1821a

20. Sarah Jiménez
Nace una patria
Print: linoleum cut
[México]: Taller de Gráfica Popular, n.d.
BANC PIC 1999.039:0802—D

21. "Libro noticioso que contiene algunos apuntes particulares, acaesidos en esta villa de Orizava y otras noticias que an yegado aquí de sujetos fidedignos . . ."
Orizaba, March 5, 1812 to May 12, 1821
BANC MSS M-M 178

22. Claudio Linati
Costumes civils, militaires et religieux du Mexique; dessinés d'après nature
Brussels: Imprimés à la Lithographie royale de Jobard, 1828.
xf F1213.L73
Illustrated, pages 10 and 33

23. Francisco Xavier de Lizana y Beaumont
Si el Cura de los Dolores D. Miguel Hidalgo hubiera estado presente quando los Discípulos de los Fariseos, acompañados de los cobradores de Herodes, preguntaron a nuestro Señor Jesucristo en Jerusalén, si era lícito pagar tributo al César . . .
[Broadside]
Mexico City: Palace of the Archbishop, 1810.
ff F1203.D5 v.3

24. Antonio López de Santa Anna
Plan o indicaciones para reintegrar a la nación en sus naturales e imprescriptibles derechos y verdadera libertad: de todo lo que se halla con escándolo de los pueblos cultos violentamente despojada por D. Agustín de Iturbide
México: Imprenta de D.J.M. Benavente y Socios, 1823.
pf F1232.S23115 1823

25. *Marcha patriótica. A la grata memoria del grito de la nación, dado en Dolores por el inmortal patriota Miguel Hidalgo y Costilla, el 16 de Septiembre de 1827*
[Monterrey de Nuevo León: Impr. a cargo del C.L.A. de Melo, 1827.]
xF1232.H6M2

26. México. Comisión Nacional del Centenario de la Independencia
Memoria de los trabajos emprendidos y llevados a cabo por la Comisión n. del centenario de la independencia designada por el presidente de la república el 1º de abril de 1907 . . . en conmemoración del primer centenario de la proclamación de la independencia de México
México: Imprenta del Gobierno Federal, 1910.
x F1232.M358

27. *México-Hidalgo; homenaje artístico y literario, organizado por Manuel Caballero, Juan de Dios Peza y Pedro Larrea en honor del padre de la independencia mexicana, benemérito Miguel Hidalgo . . . en celebración del 74º aniversario del glorioso grito de Dolores el 15 de setiembre de 1810*
México: Oficinas de la Empresa de "Mensajeros Urbanos," 1884.
ff F1232.M45
Illustrated, page 30

28. José María Morelos y Pavón
[Brief report on military developments after the capture of Oaxaca by the insurgents, signed with rubric by Morelos]
January 15, 1813
BANC MSS M-M 1830:4

29. Karl Nebel
Viaje pintoresco y arqueológico sobre la parte más interesante de la República Mexicana, en los años transcurridos desde 1829 hasta 1834, por el arquitecto Don Carlos Nebel. 50 láminas litografiadas con su texto explicativo
París y México: [Impr. de P. Renouard], 1839.
xff F1213.N22
Illustrated, page 34

30. Nicolás Pacheco
Demostración compendiosa y evidente de los muchos y graves males que acarrea la insurrección, para el uso y utilidad de los indios y otras gentes semejantes
México: En la oficina de Ontiveros, 1812.
x F1232.I55 no.3

31. *El plan republicano del triunvirato de Veracruz, Santana, Victoria y Lemaur. Refutado por un amigo de la verdad*
[México: Impr. del Supremo Gobierno, 1823.]
x F1232.P47

32. José Guadalupe Posada
El centenario de la Independencia de México en el año de 1910
Broadside: zinc etching
BANC PIC 2010.025:HCD-2

33. José Guadalupe Posada
Honor y gloria a don Miguel Hidalgo y Costilla
Broadside: zinc etching
[From a collection of Posada printed ephemera, ca. 1910–1912]
BANC PIC 2010.025:GP-4

34. *Sketchbook of pencil drawings of scenes in Mexico*
Drawings: graphite, pen and ink, some with wash
[Artist unknown, presumably British based upon a note on the inside of the cover stating that the sketchbook was purchased "in Great Portland Street"]
BANC PIC 2003. 126—ALB

35. Francisco Xavier Venegas
"Por quanto atendiendo a las circunstancias que concurren en D. Joséph Vicente de Gastañeta he venido en conferirle el empleo de Capitán de la segunda compañía de Infantería de Patriotas de Zacatecas, 1813."
BANC MSS M-M 1801:2

36. Guadalupe Victoria
Guadalupe Victoria, a los ciudadanos del Ejercito. Soldados! Un año hoy hace que los padres y representantes del pueblo dieron leyes, ecsistencia y libertad á la República . . . [Broadside]
México, 1825
xf F1232.V624

37. *Viva la Independencia de México, 1810–1919: Loor al inmortal Libertador Don Miguel Hidalgo y Costilla!* [Broadside]
San Diego, Calif.: [s.n.], 1919.
pff F869.S22.36.V5

Díaz, Madero, and Huerta: Prelude and Inception of the Revolution | Díaz, Madero y Huerta: Preludio e incepción de la Revolución

38. William Abbott
Map of Mexico: Showing Position of the Mexican Railway and the New Lines Projected & in Course of Construction
London: Abbott, [1868?].
x G4411.P3 1868.A3

39. Lauro Aguirre
Open Letter to the President of the United States
El Paso, Texas: The Social Reform, [1906].
F1203.T4.A3351

40. Solón Argüello
¡Viva Madero!
Samuel G. Vázquez Papers, 1910–1947
BANC MSS 72/219m folder 18

41. "El avaro y el hambriento"
El Ahuizote
México, D.F.: December 9, 1911
f F1201.A4 no. 30

42. Juan Azuna Sánchez
Letter concerning Porfirio Díaz and Francisco I. Madero
Samuel G. Vázquez Papers, 1910–1947
BANC MSS 72/219m

43. Abel Briquet
Mexican Views
Albumen prints
BANC PIC 1942.007–ALB v.2

44. Abel Briquet
Rancho de café (left side);
Castillo de Chapultepec (right side)
Albumen silver prints
Mexican Photograph Albums of a German Resident
BANC PIC 2001.083–ALB v. 1

45. C. Castany Camps and E. von Duben
[*Interior of Power House*]
Gelatin silver print
Salina Cruz (Oaxaca) Harbor and Railroad Photographs Compiled by Louis H. Bainton, ca. 1900–1905
BANC PIC 2002.126:5–PIC

46. C. Castany Camps and E. von Duben
[*Panorama of Mining Operations*]
Gelatin silver print
Salina Cruz (Oaxaca) Harbor and Railroad Photographs Compiled by Louis H. Bainton
BANC PIC 2002.126:10–PIC

Bancroft checklist 52

47. C. Castany Camps and E. von Duben
[*Panorama of Salina Cruz*]
Gelatin silver print
Salina Cruz (Oaxaca) Harbor and Railroad Photographs Compiled by Louis H. Bainton
BANC PIC 2002.126:17–PIC

48. *Col. Riverol*
Gelatin silver print
From the John Murray Papers
BANC PIC 1919.001–PIC

49. [*Daily Life in Mexico*]
Mexican Postcard Collection
BANC PIC 2002.050–PIC

50. [*Daily Life in Monterey and San Luis Potosí*]
Gelatin silver prints
From an album of mostly amateur views, ca. 1900–1905
BANC PIC 2006.024–ALB

51. Domínguez Studio
Francisco Madero con los cadetes
Gelatin silver print
Modern print made from the Domínguez Studio's archive of negatives
BANC PIC 2003.056–PIC

52. Domínguez Studio
Victoriano Huerta y sus ministros
Gelatin silver print
Modern print made from the Domínguez Studio's archive of negatives
BANC PIC 2003.056–PIC
Illustrated, page 65

53. José L. Escalera
G[ene]ral P. Orozco
Gelatin silver print
From the John Murray Papers
BANC PIC 1919.001–PIC

54. Toribio Esquivel Obregón
Letter to Jorge Vera Estañol, August 13, 1914
Jorge Vera Estañol Papers, 1912–1914
BANC MSS 78/76m

55. Toribio Esquivel Obregón
El problema agrario en México
México: Librería de la Viuda de C. Bouret, 1912.
F1222.31.E93

56. "Frente a frente"
El Ahuizote
México, D.F.: January 13, 1912.
f F1201.A4 no. 35

Bancroft checklist 69

57. *General Victoriano Huerta, Presidente Prov. de la Rep. Mexicana*, n.d.
Gelatin silver print
From the John Murray Papers
BANC PIC 1919.001—PIC

58. ⌈Group portrait of revolutionary leaders including, Madero, Orozco, and Carranza⌉
Gelatin silver print
From the John Murray Papers
BANC PIC 1919.001—PIC
Illustrated, page 19

59. ⌈Invitation for Independence Centennial⌉
August 1910
Samuel G. Vázquez Papers, 1910–1947
BANC MSS 72/219m folders 1–13

60. Francisco I. Madero
Manifiesto a la nación.
⌈San Luis Potosí, México, 1910.⌉
F1235.M163 no. 4
Illustrated, page 44

61. Francisco I. Madero
La sucesión presidencial en 1910
México: La Viuda de C. Bouret, 1911.
F1234.M18

62. ⌈March on the Street⌉
Gelatin silver print
Godefroy Family Photograph Album of the Mexican Revolution
BANC PIC 2001.160—PIC

63. *Mexican International Railroad: Eagle Pass Route*
Díaz, Coahuila: Mexican International Railroad Company, 1901.
G4411.P3.1901.M4

64. Andrés Molina Enríquez
Los grandes problemas nacionales
México: Imprenta de A. Carranza e Hijos, 1909.
F1222.3.M7

65. Francisco Mora
Francisco I. Madero
Print: linoleum cut
⌈México⌉: Taller de Gráfica Popular, n.d.
BANC PIC 1999.039:0640—B

66. Pascual Orozco
Letter about granting a rifle to Samuel G. Vázquez, December 5, 1911
Samuel G. Vázquez Papers
BANC MSS 72/219m folders 1–13

67. *Portrait of Porfirio Díaz*
Gelatin silver print
From the collection Scenes from *La Decena Trágica* and Other Events of the Mexican Revolution
BANC PIC 2007.033—PIC

68. José Guadalupe Posada
Calavera de D⌈on⌉ Francisco I. Madero
Broadside: zinc etching
México: Imprenta de A. Vanegas Arroyo, 1912.
BANC PIC 2010.025:11-C
Illustrated, page 66

69. José Guadalupe Posada
Los rurales. Biografía y origen de la formación de estos cuerpos
Broadside: zinc etching
BANC PIC 2010.025:GP-21
Illustrated, page 66

70. José Guadalupe Posada
Noche triste, del 12 de julio de 1911. En la ciudad angélica
Broadside: zinc etching
México: Imprenta de A. Vanegas Arroyo, 1911.
BANC PIC 2010.025 GP-35

71. *Recámara en la casa de Madero después del incendio*
Gelatin silver print
From the John Murray Papers
BANC PIC 1919.001—PIC

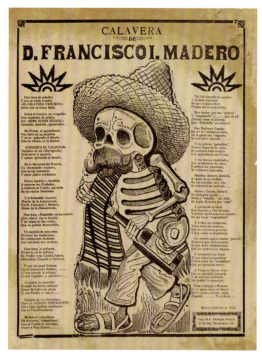

Bancroft checklist 68

72. [Ribbon for Club Antireeleccionista Francisco I. Madero]
Samuel G. Vázquez Papers, 1910–1947
BANC MSS 72/219m folders 1–13

73. [Six photographic postcards of damaged and destroyed buildings, 1913–1914]
Gelatin silver prints
From the collection Scenes from La Decena Trágica and Other Events of the Mexican Revolution
BANC PIC 2007.033—PIC
Illustrated, page 43

74. Ignacio Aguirre and Francisco Mora
Cananea 1906 Nueva Rosita y Cloete 1951
Print: linoleum cut
Taller de Gráfica Popular Collection
BANC PIC 1999.039.0313—F
Illustrated, page 38

75. Carlos Toro
La caída de Madero por la revolución felicista
[México, 1913]
p F1235.T5362

76. "El tren del progreso (agarrotado)"
El Hijo del Ahuizote
México, D.F.: December 6, 1885.
f F1201.H24

77. F. Wray
Last Picture Taken of Madero at Cuernavaca
Gelatin silver print
From the John Murray Papers
BANC PIC 1919.001—PIC
Illustrated, page 43

78. Alfredo Zalce
El ejército de la Revolución desprecia a los "Periodistas" . . .
Print: linoleum cut
Taller de Gráfica Popular Collection
BANC PIC 1999.039:0296—B

Emiliano Zapata, Champion of Land Reform
Emiliano Zapata, campeón de la reforma agraria

79. Alberto Beltrán
Represión a pueblos zapatistas
Print: linoleum cut
Taller de Gráfica Popular Collection
BANC PIC 1999.039:0610—B

80. Sarah Jiménez
[Squad of Soldiers Firing on Zapata]
Print: linoleum cut
Taller de Gráfica Popular Collection
BANC PIC 1999.039:0884—B
Illustrated, page 21

81. Francisco Mora
Emiliano Zapata
Print: linoleum cut
Taller de Gráfica Popular Collection
BANC PIC 1999.039:0636—B

82. José Guadalupe Posada
La muerte de Emiliano Zapata
Broadside: zinc etching
Collection of 382 works illustrated by Posada
BANC PIC 2010.025

Bancroft checklist 85

83. Antenor Sala
"Recasting of the Drafts of the 'Sala Laws' and Draft of Law for the Creation of a National Bank of Agriculture in the Mexican Republic."
February 5, 1914
Antenor Sala Papers
BANC MSS 81/178

84. Francisco M. Virgilia
Letter to Antenor Sala, March 30, 1914
Antenor Sala Papers
BANC MSS 81/178

85. F. Wray
Armored Train near Cuernavaca, Federales
Gelatin silver print
From the John Murray Papers
BANC PIC 1919.001:4:1—PIC
Illustrated, page 67

86. F. Wray
Peace Commissioners Killed by Zapata
Gelatin silver print
From the John Murray Papers
BANC PIC 1919.001:4B—PIC

87. F. Wray
Zapata [Eugenio Zapata]
Gelatin silver print
From the John Murray Papers
BANC PIC 1919.001:4B—PIC

88. F. Wray
Zapata Forces
Gelatin silver print
From the John Murray Papers
BANC PIC 1919.001:4B—PIC
Illustrated, pages 50–51

89. F. Wray
Zapatistas
Gelatin silver print
From the John Murray Papers
BANC PIC 1919.001:4:2—PIC

90. Emiliano Zapata
Letter to Antenor Sala, October 25, 1914
Emiliano Zapata Correspondence
BANC MSS 78/77

91. Emiliano Zapata
Plan de Ayala; plan libertador de los hijos del estado de Morelos, afiliados al Ejército Insurgente que defienden el cumplimiento del Plan de San Luis Potosí, con las reformas que ha creído conveniente aumentar en beneficio de la Patria Mexicana
[n.p., 1911]
F1235.Z19
Illustrated, page 45

**American Interventions:
Veracruz and the Punitive Expedition
Intervenciones norteamericanas:
Veracruz y la Expedición Punitiva**

92. Anonymous
Letter from Veracruz, April 22, 1914
BANC MSS 94/111 m
Illustrated, page 46

93. Hadsell and other photographers
[*Miscellaneous photographic postcards of United States Military Invasion of Veracruz*]
United States Military Invasion of Veracruz Postcard Collection
BANC PIC 2010.026—PIC
Illustrated, pages 46, 47, 55, 68

94. W.H. Horne
[*American Border Town of Columbus, New Mexico*]
Gelatin silver print
From the John Murray Papers
BANC PIC 1919.001—PIC
Illustrated, page 49

95. W. H. Horne
Pancho Villa, Rodolfo Fierro, and Hugh L. Scott during the Mexican Revolution
[ca. 1915]
Gelatin silver print (postcard)
BANC PIC 2002.042—PIC

96. W. H. Horne and other photographers
[*Photographic postcards of scenes from the Revolution along the U.S. Mexican Border, 1913*]
Gelatin silver prints
BANC PIC 1979.063—PIC

97. Ralph E. Neidhardt
[*American Soldiers Camping along the U.S.-Mexico Border*]
Photograph Album documenting the Pancho Villa Punitive Expedition.
BANC PIC 2008.034—AX

98. John J. Pershing
Final Report of Gen. John J. Pershing, Commander-in-Chief American Expeditionary Forces
Washington, D.C.: Government Printing Office, 1920.
D570.P351.1920

99. *Proclamation: $5,000.00 Reward, Francisco (Pancho) Villa.* [Broadside]
Columbus, New Mexico: Chief of Police, 1916.
F1234.V63 P7 1916
Illustrated, page 48

100. Charles Rosedale
[*Angels Brigade Taking a Break*]
Angels' Brigade Photograph Album of Railroad Bridge Construction and Mining in Mexico, 1914
BANC PIC 2001.058—ALB

101. Charles Rosedale
[*Angels Brigade on Railroad Bridge*]
Angels' Brigade Photograph Album of Railroad Bridge Construction and Mining in Mexico, 1914
BANC PIC 2001.058—ALB

102. Harry Aubrey Toulmin
With Pershing in Mexico
Harrisburg, Pa.: The Military Service Publishing Co., 1935.
F1235 .T65

103. Oliver S. Wood
Diary from March 13, 1916, to July 23, 1916
BANC MSS 86/132

**Pancho Villa and the Revolutionaries of the North
Pancho Villa y los revolucionarios del Norte**

104. Ignacio Aguirre
Las tropas constitucionalistas hacen el primer reparto de tierra en Matamoros, 6 de agosto de 1913
México, D.F.: Editado por "La Estampa Mexicana," 1947.
Prints of the Mexican Revolution;
85 engravings by Taller de Gráfica Popular artists
F1234.E845

105. Eliseo Arredondo
Telegram to Venustiano Carranza, August 2, 1915
Venustiano Carranza Papers
BANC MSS 78/75 m

106. Alberto Beltrán
El Gran Guerrillero Francisco Villa (1877–1923)
México, D.F.: Editado por "La Estampa Mexicana," 1947.
Prints of the Mexican Revolution;
85 engravings by Taller de Gráfica Popular artists
F1234.E845

107. Comité Organizador de la Unión de Veteranos de la Revolución
Bases constitucionales
México, D.F.: February 18, 1932.
Silvestre Terrazas Papers
BANC MSS M-B 18 Pt. 1

Bancroft checklist 93

108. Domínguez Studio
Dando de beber a los sedientos
[Giving Drink to the Thirsty], n.d.
Gelatin silver print
Modern print made from the Domínguez Studio's archive of negatives
BANC PIC 2003.056:1–PIC

109. Domínguez Studio
Gnrl. Francisco Villa
Gelatin silver photograph
Modern print made from the Domínguez Studio's archive of negatives
BANC PIC 2003.056:1–PIC

110. J.W. Dove
Telegram to J.J. Egan, May 1, [1913?]
Wells, Fargo & Co. Records
BANC MSS 96/82 m

111. *Gen. Obregón's Heavy Artillery at Agua Prieta, Mexico*
Gelatin silver print
From the John Murray Papers
BANC PIC 1919.001 folder 1B

112. W.H. Horne and Co.
Gen. Toribio Ortega, Gen. Pancho Villa, Col. Medina, n.d.
Gelatin silver print
Photographs from the Mexican Revolution
BANC PIC 1965.009–PIC

113. W.H. Horne and Co.
Triple Execution in Mexico
Gelatin silver prints (postcards)
From the John Murray Papers
BANC PIC 1919.001–PIC
Illustrated, page 55

114. Walter H. Horne
Mujeres listas para recevir a Rábago, ca. 1914
Gelatin silver print
From the John Murray Papers
BANC PIC 1919.001–PIC
Illustrated, page 16

115. C.H. Marders
Letter to J.J. Egan, May 3, 1913
Wells, Fargo & Co. Records
BANC MSS 96/82 m

116. [*Men Holding a Flag with an Emblem That Reads "Ejército Constitucionalista Norte de Coahuila"*]
Gelatin silver print
Photographs from the Samuel G. Vázquez Papers
BANC PIC 1972.027–PIC

117. *Mexican Family Traveling. Riding Box Car and Rods*
Gelatin silver print
From the John Murray Papers
BANC PIC 1919.001–PIC
Illustrated, page 59

118. *Mujer Valiente*
Gelatin silver print
From the John Murray Papers
BANC PIC 1919.001–PIC
Illustrated, page 61

119. *El Primer Batallón de la Brigada Roja*, n.d.
Gelatin silver print
From the John Murray Papers
BANC PIC 1919.001–AX

120. José Guadalupe Posada
La soldadera en el cuartel
Broadside: zinc etching
Collection of 382 works illustrated by Posada
BANC PIC 2010.025

121. *Reinalda G. Parra and Abel Gonzales Parra in Front of a Table with Shell Casings*
Gelatin silver print
From the John Murray Papers
BANC PIC 1919.001–AX

122. [*Two Young Male Revolution Fighters*]
Gelatin silver print
From the John Murray Papers
BANC PIC 1919.001:1:1A

123. Francisco Villa
Al Pueblo Yucateco
Torreón, Chihuahua: July 19, 1915
Silvestre Terrazas Papers
BANC MSS M-B 18 Pt. 1

124. Francisco Villa
Ejército Convencionista: Cuartel General
Chihuahua: December 16, 1915
Silvestre Terrazas Papers
BANC MSS M-B 18 Pt. 1

125. Francisco Villa
"Instrucciones Generales, Provisionales" [1913?]
Silvestre Terrazas Papers
BANC MSS M-B 18 Pt. 1

126. Francisco Villa
Letter to Generals of the North sent from Chihuahua, on Carranza's relations with Washington, December 16, 1915
Silvestre Terrazas Papers
BANC MSS M-B 18 Pt. 1

127. Francisco Villa
Letter to Silvestre Terrazas, October 26, 1913
Silvestre Terrazas Papers
BANC MSS M-B 18 Pt. 1

128. Francisco Villa
Letter to Silvestre Terrazas, May 4, 1915
Silvestre Terrazas Papers
BANC MSS M-B 18 Pt. 1

129. Francisco Villa
Letter to Venustiano Carranza, January 25, 1914
Silvestre Terrazas Papers
BANC MSS M-B 18 Pt. 1

130. [*Villa Soldiers on Horseback*]
Gelatin silver print
Photographs of the Mexican Revolution
BANC PIC 1978.33:10–PIC

131. [*Women in Box Car behind Federal Soldiers' Artillery Line*]
Angels' Brigade Photograph Album of Railroad Bridge Construction and Mining in Mexico, 1914
BANC PIC 2001.058–ALB

132. *Yaqui Indian Soldiers*
Gelatin silver print (postcard)
From the John Murray Papers
BANC PIC 1919.001

Venustiano Carranza and the Revolution in Power
Venustiano Carranza y la Revolución en el poder

133. Eliseo Arredondo
Telegram to Carranza from Washington, D.C.,
April 20, 1915
Venustiano Carranza Papers, 1912–1916.
BANC MSS 78/75 m

134. Venustiano Carranza
"Manifesto de la nación," June 10, 1915
Venustiano Carranza Papers, 1912–1916.
BANC MSS 75/78 m

135. Venustiano Carranza
Plan de Guadalupe y decreto del 12 de diciembre de 1914
Veracruz: Taller de "El Pueblo," [1914].
x F1235.M335

136. *Constitución Política de los Estados Unidos Mexicanos*
México: Secretaria de Gobernación, 1917.
F1223.3.M61.1917spa

137. Domínguez Studio
Gral. Á[lvaro] Obregón y algunos guerrilleros Yakis
Gelatin silver print
Modern print made from the Domínguez Studio's archive of negatives
BANC PIC 2003.056

138. *Carranza's Soldiers at Agua Prieta*, 1915
Gelatin silver prints
From the John Murray Papers
BANC PIC 1919.001
Illustrated, page 53

139. *During a Lule [sic] in the Battle. In Agua Prieta Trenches*, November 2, 1915
Gelatin silver print
From the John Murray Papers
BANC PIC 1919.001

140. Manuel Gamio
Forjando patria: pro nacionalismo
México: Porrúa Hermanos, 1916.
F1235.G19

141. *Grals. González, Murguía, Villareal, y Carranza [y] Copr. R. Runyon*, n.d.
Gelatin silver print
From the John Murray Papers
BANC PIC 1919.00
Illustrated, page 20

142. Frank Kettlewell
Article 33 of the Constitution Just Passed . . .
Drawing: ink and graphite on board
Editorial cartoons pertaining to the Mexican Revolution
BANC PIC 2007.040:1
Illustrated, page 70

143. Andrés Ortiz
Telegram to Manuel Aguirre Berlanga, from Chihuahua, reporting defeat of Villa's forces,
June 17, 1919
Manuel Aguirre Berlanga correspondence, 1919
BANC MSS 81/80 m

144. Andrés Ortiz
Telegram to Manuel Aguirre Berlanga, from Chihuahua, concerning the plundering and assassinations committed by Villa's "bandits,"
June 13, 1919
Manuel Aguirre Berlanga correspondence, 1919
BANC MSS 81/80 m

145. *El primer jefe*, April 19, 1913
Samuel G. Vázquez papers, 1910–1947
BANC MSS 72/219m:54

146. Rodríguez, photographer
Portrait of Venustiano Carranza
Gelatin silver print
Mexican Revolution in Sonora Photograph Collection
BANC PIC 2004.073

147. *Troop of Constitutionalist Soldiers near Municipal Building*
Gelatin silver print
From the John Murray Papers
BANC PIC 1919.001

148. Emiliano Zapata
Letter to Antenor Sala from Cuernavaca,
October 22, 1914
Emiliano Zapata correspondence, 1914–1916
BANC MSS 78/77 m
Illustrated, page 50

In Pursuit of Revolutionary Reform
En busca de la reforma revolucionaria

149. Luis Cabrera and José Vasconcelos
Cómo opinan de la revolución algunos de los que la hicieron
[México: 1936.]
F1235.C12

150. *Concurrencia al Congreso Feminista*, 1916?
Gelatin silver print
From the John Murray Papers
BANC PIC 1919.001
Illustrated, page 57

Bancroft checklist 142

151. *Constitución Política de los Estados Unidos Mexicanos*
México: Departamento Editorial de la Dirección General de Educación Pública, 1917.
F1223.3.M61.1917sp
Illustrated, page 56

152. [*Group of Working Women from the "Hercules" Cotton Mills, Appearing before the Congress at Querétaro to Demand That They Be Given the Vote*, 1916]
Gelatin silver print
From the John Murray Papers
BANC PIC 1919.001
Illustrated, page 71

153. [*Hermandad de pintores, decoradores y tapiceros de América*]
Gelatin silver print
From the John Murray Papers
BANC PIC 1919.001

154. Ricardo Flores Magón
Land and Liberty: Mexico's Battle for Economic Freedom and its Relation to Labor's World-wide Struggle
Los Angeles, Calif.: Mexican Liberal Party, [1913].
F1222.5.F5

155. Domínguez Studio
Gral. Álvaro Obregón y simpatizadores, n.d.
Gelatin silver print
Modern print made from the Domínguez Studio's archive of negatives
BANC PIC 2003.056
Illustrated, page 57

156. Hadsell, photographer
El C. V. Carranza recibiendo felicitaciones
December 29, 1914
From the John Murray Papers
BANC PIC 1919.001–PIC
Illustrated, page 57

157. Frank Kettlewell
[*Uncle Sam Observes Mexicans Celebrating the Obregon-Calles Coup*]
Editorial cartoons pertaining to the Mexican Revolution
BANC PIC 2007.040:2

158. López, photographer
Grupo de 4,500 obreros, n.d.
BANC PIC 1920.2.1

159. [*Members of the Congress of Railroad Employees Held in Mexico City for the Purpose of Arranging Questions of Wages, etc.*, n.d.]
From the John Murray Papers
BANC PIC 1919.001

160. *Obregón y Cabrera traman un complot para desconocer a Carranza*
March 13, [1916]
BANC MSS 75/78 m

161. *Pacto celebrado entre la Revolución Constitucionalista y la Casa del Obrero Mundial*
México: Comisión Nacional para las Celebraciones del 175 Aniversario de la Independencia Nacional y 75 Aniversario de la Revolución Mexicana, 1985.
F1226.S39 no.9

Bancroft checklist 152

162. Manuel Palafox
Letter to Antenor Sala, September 28, 1914
Emiliano Zapata correspondence, 1914–1916
BANC MSS 78/77

163. Rand McNally and Company
War Map of Mexico: Showing the Chief Centers of Revolutionary Activity / Compliments of the Travelers Insurance Company
[Chicago]: Rand McNally, 1913.
G4411.S6 1913.R3 caseX
Illustrated, pages 22–23

164. Antenor Sala
"Proyecto para alimentar a los pobres mediante cincuenta centavos constitucionalistas diarios, resultando aquellos mejor nutridos, que lo han estado en toda su vida, aun en las épocas más bonancibles porque haya atravesado la República Mexicana," 1918
Emiliano Zapata correspondence, 1914–1916
BANC MSS 78/77

165. *Tropas por la Ave. Libertad; Funerales del Gral. V[enustiano] Carranza*, [1920]
Gelatin silver print
From the John Murray Papers
BANC PIC 1919.001

166. José Vasconcelos
Los últimos cincuenta años
México: 1924.
F1234.V15

167. *Women Buying Corn in Public Market in Orizaba, Sold by Government at Very Low Price to the Poor*, n.d.
Gelatin silver print
From the John Murray Papers
BANC PIC 1919.001

Broadside with sonnet offering thanks to the Virgin of Guadalupe for Mexico's recently won independence from Spain. The insurgent troops carried into battle a banner of the Virgin of Guadalupe, Mexico's patron saint, while the royalists carried a banner of Our Lady of Remedies (ca. 1821).
Stanford checklist 8

Exhibition Checklist: The Stanford University Libraries

Introduction to Mexican Independence
Introducción a la Independencia Mexicana

1. Bell
Mexico, circa late 1700s; courtesy of Jim Nikas
Illustrated, page 73

2. Antonio Cortés
Agustín de Iturbide, al frente del Ejército de las Tres Garantías . . . [Postcard]
México: Buznego y Cia, 1910.
Mexican War of Independence:
Centennial Vintage Postcards
Stanford Manuscripts Collection
MISC 1628
Illustrated, page 36

3. José Guadalupe Posada
¡Viva El 16 de Septiembre!
[Broadside]
México: Imprenta de Vanegas Arroyo, 1912.
José Guadalupe Posada Collection
Stanford Manuscripts Collection
M1238, Box 3, Folder 6
Illustrated, page 32

4. R. Canlo
"Objetos de la época de la independencia"
in Vicente Riva Palacio
México a través de los siglos. Historia general y completa del desenvolvimiento social, político, religioso, militar, artístico, científico y literario de México desde la antigüedad más remota hasta la época actual . . .
Barcelona: Espasa y Compañía [1888–89].
Stanford Rare Books Collection
972 .R616 vol. 3
Illustrated, page 62

Under the Banner of the Virgin
Bajo el estandarte de la vírgen

5. José Miguel Guridi y Alcocer
Apología de la aparición de nuestra Señora de Guadalupe de Méjico, en respuesta a la disertación que la impugna
Méjico: A. Valdes, 1820.
Stanford Rare Books Collection
BT660.G8 G9

6. José Guadalupe Posada
A Ntra. Vírgen de Guadalupe
[Broadside]
México: Imp. Religiosa Sta. Teresa 43, n.d.
José Guadalupe Posada Collection
Stanford Manuscripts Collection
M1238, Series 3, Box 7, Folder 4

7. José Guadalupe Posada
Milagrosa imagen de Ntra. Sra. de los Remedios
[Broadside]
México: Tip. De la [Imp.?] Arturo Vanegas Arroyo, n.d.
José Guadalupe Posada Collection
Stanford Manuscripts Collection
M1238, Box 3, Box 7, Folder 4

8. *"Quién sino tú, dulcísima María, libró con mano fuerte al Mexicano del acero feroz de su paisano"*
[Broadside]
[México]: [s. n.], [ca. 1821]
Stanford Manuscripts Collection
MISC 1630
Illustrated, page 72

9. "Interior of an Indian Hut, El Bozal"
Henry George Ward
Mexico in 1827. London: H. Colburn, 1828.
Stanford Rare Books Collection
972.04 .W258

Heroes, Martyrs, and Villains
Héroes, mártires y villanos

10. "Carta General de la Nueva España"
Lucas Alamán
Historia de Méjico desde los primeros movimientos que prepararon su independencia en el año de 1808, hasta la época presente
Méjico: Impr. de J.M. Lara, 1849–52.
Stanford Rare Books Collection
972 .A318 vol. 3

11. "Plano de la Batalla del Monte de las Cruces"
Lucas Alamán
Historia de Méjico desde los primeros movimientos que prepararon su independencia en el año de 1808, hasta la época presente
Méjico: Impr. de J.M. Lara, 1849–52.
Stanford Rare Books Collection
972 .A318 vol. 1

12. "Vista de la Alhóndiga de Granaditas en Guanajuato"
Lucas Alamán
Historia de Méjico desde los primeros movimientos que prepararon su independencia en el año de 1808, hasta la época presente
Méjico: Impr. de J.M. Lara, 1849–52.
Stanford Rare Books Collection
972 .A318 vol. 1

13. Carlos María de Bustamante
Campañas del general d[on] Félix María Calleja, comandante en gefe del Ejército real de operaciones llamado del centro
México: Imprenta del Águila, 1828.
Stanford Rare Books Collection
F1232 .B94

14. Pablo O'Higgins
"El pípila"
450 años de lucha: homenaje al pueblo mexicano
[México]: Taller de Gráfica Popular, 1960.
Stanford Art & Architecture Library
NE1330.T33 F

15. Isabel Ruiz Marroquín
[Royal decree]
[n.p] September 8, 1818
Stanford Manuscripts Collection
MISC 331
Illustrated, page 32

Stanford checklist 1

Stanford checklist 20

Stanford checklist 23

Stanford checklist 24

Life During the War | La vida durante la guerra

16. Casimiro Castro
"Trajes mexicanos. Fandango"
México y sus alrededores. Colección de monumentos, trajes y paisajes
2ª ed. aumentada. México: Imprenta litográfica de Decaen, 1855 y 1856.
Stanford Art & Architecture Library
F1213 .M4 F

17. Casimiro Castro
"Trajes mexicanos. Soldados del Sur"
México y sus alrededores. Colección de monumentos, trajes y paisajes
2ª ed. aumentada. México: Imprenta litográfica de Decaen, 1855 y 1856.
Stanford Art & Architecture Library
F1213 .M4 F

18. *Don Juan Ruiz de Apodaca y Eliza, López de Letona y Lasqueti, conde del Venadito, Gran-Cruz de las Reales Ordenes de San Fernando y San Hermenegildo, Comendador de Ballaga y Algarga en la de Calatrava, y de la Condecoración de la Lis del Vende . . .*
[México: s.n., 1820].
Stanford Manuscripts Collection
MISC 1584

19. *Nos el Dr. D. Antonio Bergosa y Jordán, por la gracia de Dios, Obispo de Antequera de Oaxaca . . . A todos los fieles salud y gracia en nuestro Señor Jesucristo*
[México: s.n., 1813?]
Stanford Rare Books Collection
BX1430.O2 A2 1813

20. Francisco Xavier Venegas
Reglamento de policía
México: Imprenta de Arizpe, 1811.
Stanford Rare Books Collection
SCRB 810807 00006
Illustrated, page 74

**Hidalgo and Morelos: Ecclesiastical Rebels
Hidalgo y Morelos: rebeldes eclesiásticos**

21. *Album de Hidalgo. Obra monumental consagrada al recuerdo del primer caudillo de la independencia de México*
México: Impr. y Lito. del Padre Cobos [1875?].
Stanford General Collection
972.03 .H632A

22. José Cerbón
¡Salve Hidalgo!
[Music score]
México: Librería Vda. de Bouret, [1910]
Stanford Manuscripts Collection
MISC 1629
Illustrated, opposite title page

23. José Guadalupe Posada
"El grito de libertad o viva la independencia"
Biblioteca del niño mexicano
México: Maucci Hermanos, 1899–1901.
Stanford Rare Books Collection
F1226 .F75 1899
Illustrated, page 74

24. José Guadalupe Posada
"El héroe de Cuautla, José María Morelos"
Biblioteca del niño mexicano
México: Maucci Hermanos, 1899–1901.
Stanford Rare Books Collection
F1226 .F75 1899
Illustrated, page 74

25. *El Rayo del Sur*
[Movie poster, 1943]
Stanford Manuscripts Collection
M0945 Box 6

Emperor Agustín de Iturbide and President Vicente Guerrero | El emperador Agustín de Iturbide y el presidente Vicente Guerrero

26. *Constitución federal de los Estados Unidos Mexicanos sancionada por el Congreso General Constituyente, el 4. de octubre de 1824*
[México]: Impr. del Supremo Gobierno de los Estados Unidos Mexicanos, en Palacio, [1824?]
Stanford Rare Books Collection
KGF2914 1824 .A2 1824
Illustrated, page 35

27. [Vicente Guerrero]
Manifiesto del ciudadano Vicente Guerrero, segundo presidente de los Estados Unidos Mexicanos, a sus compatriotas
México: 1829.
Stanford Rare Books Collection
SCRB 810807 00002

28. Agustín de Iturbide
Breve diseño crítico de la emancipación y libertad de la nación mexicana, y de las causas que influyeron en sus más ruidosos sucesos, acaecidos desde el grito de Iguala hasta la espantosa muerte del libertador en la villa de Padilla
México: Impr. de la Testamentaria de Ontiveros, 1827.
Stanford Rare Books Collection
F1232.I832 T

29. "Agustín de Iturbide Emperador"
in Vicente Riva Palacio
México a través de los siglos. Historia general y completa del desenvolvimiento social, político, religioso, militar, artístico, científico y literario de México desde la antigüedad más remota hasta la época actual . . .
Barcelona: Espasa y Compañía [1888–89]
Stanford Rare Books Collection
972 .R616 vol. 4

30. "Vicente Guerrero héroe de la Independencia"
in Vicente Riva Palacio
México a través de los siglos. Historia general y completa del desenvolvimiento social, político, religioso, militar, artístico, científico y literario de México desde la antigüedad más remota hasta la época actual . . .
Barcelona: Espasa y Compañía [1888–89]
Stanford Rare Books Collection
972 .R616 vol. 3

Heroines | Heroínas

31. Genaro García
Leona Vicario, heroína insurgente
México: Librería de la viuda de Ch. Bouret, 1910.
Stanford General Collection
972.03 .V628G

32. *La Güera Rodríguez*
[Movie poster, 1978]
Stanford Manuscripts Collection
MSS Prints 0368

33. [Postage stamp of Josefa Ortiz de Domínguez]
México: Buznego y Cia, 1910.
Mexican War of Independence:
Centennial Vintage Postcards
Stanford Manuscripts Collection
MISC 1628
Illustrated, page 36

34. Artemio de Valle-Arizpe
La Güera Rodríguez
México: M. Porrúa, 1950.
Stanford General Collection
972.03 .R696VA ED.4
Illustrated, page 32

Real and Fictional Heroes
Héroes reales y ficticios

35. Xavier Mina
Lucas Alamán
Historia de Méjico desde los primeros movimientos que prepararon su independencia en el año de 1808, hasta la época presente
Méjico: Impr. de J.M. Lara, 1849–52.
Stanford Rare Books Collection
972 .A318 vol. 4

36. Juan Díaz Covarrubias
Gil Gómez el insurgente; novela histórica
México: Imp. de V. Agueros, 1902.
Stanford General Collection
868.2 .D531

37. "Firmas de los héroes de la independencia nacional"
Documentos históricos relativos a la independencia nacional. 1810–1821
México: Colegio de Artes i Oficios, 1872.
Stanford General Collection
972.03 .M611
Illustrated, page 31

38. Gabriel Ferry (Luis de Bellemare)
El indio costal, o, El dragón de la reina: escenas de la guerra de independencia de México
París: Vda. de Ch. Bournet, 1908.
Stanford General Collection
PQ2193 .B6 C718 1908

39. Claudio Linati
Costumes Mexicains. Le General Guadalupe Victoria. President de la Republique Mexicaine.
[Print]
Brussels: Lithographie royale de Jobard, 1828.
Stanford Manuscripts Collection
MISC 1632

40. William Davis Robinson
Memoirs of the Mexican Revolution: Including a Narrative of the Expedition of General Xavier Mina. With Some Observations on the Practicability of Opening a Commerce Between the Pacific and Atlantic Oceans, Through the Mexican Isthmus in the Province of Oaxaca, and at the Lake of Nicaragua . . .
Philadelphia: Printed for the author.
Lydia R. Bailey, printer, 1820.
Stanford Rare Books Collection
972.03 .R66

41. Adrián Unzueta
El generalísimo D. Ignacio de Allende . . .
[Postcard]
México: Buznego y Cia, 1910.
Mexican War of Independence:
Centennial Vintage Postcards
Stanford Manuscripts Collection
MISC 1628

42. Daniel del Valle
El general D. Nicolás Bravo . . .
México: Buznego y Cia, 1910.
Mexican War of Independence:
Centennial Vintage Postcards
Stanford Manuscripts Collection
MISC 1628

Introduction to the Mexican Revolution
Introducción a la Revolución Mexicana

43. *Constitución política de los Estados Unidos Mexicanos*
México: Secretaría de Gobernación, 1917.
Stanford General Collection
342.721 .M611A

44. "Meditando en la eternidad del poder"
El Ahuizote jacobino
México, D.F.: February 7, 1904.
Stanford Rare Books Collection
F1233.5 .A383 F
Illustrated, page 39

45. *Memorias de un mexicano*
[Movie poster, 1950]
Mexican Revolution Ephemera
Stanford Manuscripts Collections
M1744
Illustrated, page 26

46. Francisco Mora
Emiliano Zapata. Líder de la revolución agraria
Estampas de la revolución mexicana
México: La Estampa Mexicana, 1947.
Stanford Manuscripts Collection
M1206

47. José Guadalupe Posada
Gran marcha triunfal
[Broadside]
José Guadalupe Posada Collection
México: Imp. de Vanegas Arroyo, 1911.
Stanford Manuscripts Collection
M1238, Series 2, Box 5, Folder 5
Illustrated, page 42

48. [Assembled revolutionaries]
[Postcard, ca. 1911]
Mexican Revolution Ephemera
Stanford Manuscripts Collection
M1744
Illustrated, page 19

Prelude to Revolution | Preludio a la revolución

49. Heriberto Frías
Tomochic; novela histórica mexicana
París, México: Librería de la Vda. de Ch. Bouret, 1911.
Stanford General Collection
868.2 .F89T

50. Leopoldo Méndez
Corridos de la revolución
[Woodcut of workers being exploited]
Pachuca, Hidalgo: Instituto Científico y Literario, 1934.
Stanford Rare Books Collection
PQ7260

51. John Kenneth Turner
Barbarous Mexico
Chicago: C. H. Kerr & Company [1911].
Stanford General Collection
862.2 A99Lu

52. C. B. Waite
Wood Carriers
[Albumen print]
Photographs of Mexico, 1905
Stanford Rare Books Collection
F1215 .W3 F
Illustrated, page 40

Mariano Azuela and the Literature of the Revolution | Mariano Azuela y la literatura de la revolución

53. Mariano Azuela
Andrés Pérez, maderista
México: Imprenta de la Librería de Andrés Botas y Miguel, 1911.
Stanford General Collection
868.2 .A99AN

54. Mariano Azuela
La luciérnaga
Madrid: Espasa-Calpe, 1932.
Stanford General Collection
868.2 .A99LU

55. Mariano Azuela
Las moscas; Los caciques
[Typescript, ca. 1917–1931]
Stanford Manuscripts Collection
MISC 667

56. Mariano Azuela
Los de abajo: novela (cuadros y escenas de la revolución mexicana)
El Paso, Tex.: Imprenta de "El Paso del Norte," 1916.
Stanford Rare Books Collection
PQ7297 .A9 L6 1916
Illustrated, page 25

***Corridos*: Songs of the People**
***Corridos*: canciones del pueblo**

57. Leopoldo Méndez
Corridos de la revolución
Pachuca, Hidalgo: Instituto Científico y Literario, 1934.
Stanford Rare Books Collection
PQ7260 .H4 1934
Illustrated, page 60

58. José Guadalupe Posada
El nuevo corrido: vida y muerte de La cucaracha
[Broadside]
México: Imprenta 2ª de Santa Teresa Num. 40, 1915.
José Guadalupe Posada Collection
Stanford Manuscripts Collection
M1238, Series 2, Box 5, Folder 9

59. José Guadalupe Posada
La maderista
México: Tip A. Vanegas Arroyo, Sta. Teresa, 43, 1912.
José Guadalupe Posada Collection
Stanford Manuscripts Collection
M1238, Box 2, Folder 15
Illustrated, page 60

60. Mariana Yampolski
Vivac de revolucionarios
Estampas de la revolución mexicana.
México, La Estampa Mexicana, 1947.
Stanford Manuscripts Collection
M1206

Women of the Revolution
Mujeres de la revolución

61. Nellie Campobello
Cartucho; relatos de la lucha en el norte de México
México: Ediciones Integrales, 1931.
Stanford Rare Books Collection
F1234 .C215 1931
Illustrated, page 25

62. "Mujer Valiente"
[Postcard]
Mexican Revolution Ephemera
Stanford Manuscripts Collection
M1744
Illustrated, page 61

63. José Guadalupe Posada
A la noble valentía de Esperanza Chavarría
[Broadside]
México: Imprenta 2ª de Santa Teresa Num 43, 1911.
José Guadalupe Posada Collection
Stanford Manuscripts Collections
M1238, Box 5, Folder 4

64. José Guadalupe Posada
Wood Block
Courtesy Jim Nikas, San Francisco

65. [All girls school]
[Photograph]
Namiquipa, Chihuahua, ca.1918.
Courtesy of Lourdes Portillo, San Francisco

66. [Woman with soldiers]
Mexican Revolution: Photographs, ca. 1910–1920.
Stanford Manuscripts Collection
MSS Photo 205
Illustrated, page 77

Stanford checklist 66

Stanford checklist 80

67. *Si Adelita se fuera con otro.*
[Movie poster, 1948]
Mexican Movie Posters, ca. 1940–1969
Stanford Manuscripts Collection
M0945, Box 7
Illustrated, page 24

68. *La Soldadera*
[Movie poster, 1967]
Stanford Manuscripts Collection
MSS Prints 0367

Railways: Road to Modernity
Los ferrocarriles: camino a la modernidad

69. *Atlas geográfico de los Estados Unidos Mexicanos*
México: Vega y Ca., 1897.
Stanford Rare Books Collection
G1545 .M4 1897 FF
Illustrated, page 41

70. S. Adalberto de Cardona.
El ferrocarril mexicano. Descripción de un viaje de la capital azteca al puerto de Veracruz . . .
Nueva York: Imp. de Moss Engraving Co., 1894.
Stanford General Collection
917.2 .C268

71. Fotografía Americana
Mexican-Veracruz R.R. Atoyac Bridge
[Albumen print]
Photographs of Mexico, ca. 1880.
Stanford Manuscripts Collection
MSS Photo 196
Illustrated, page 41

72. *Prospectus of the Tehuantepec Inter-Ocean Rail-Road Company*
New York: The Tehuantepec Inter-Ocean Rail-Road Company, 1880.
Pamphlets of Mexico
Stanford General Collection
972.07 .P18M V.2:6TH IN VOL

73. *Reseña histórica y estadística de los ferrocarriles de jurisdicción federal desde agosto de 1837 hasta diciembre de 1894*
México: Imp. y lit. de F. Díaz de León, Sucesores, S.A., 1895.
Stanford General Collection
HE2818 .A5 1895 F

Pershing's Punitive Expedition
Expedición punitiva de Pershing

74. Haldeen Brady
Pershing's Mission into Mexico
El Paso: Texas Western Press, 1966.
Stanford General Collection
F1234 B813

75. Diary of Fred L. Walker
January 1, 1914, to January 1, 1915.
Hoover Institution Archives
Fred L. Walker Papers, 1889–1969
Box 5
Illustrated, page 49

76. Frank Tompkins
Chasing Villa; the Story Behind the Story of Pershing's Expedition into Mexico
[Harrisburg, Pa.]: The Military Service Publishing Company, 1934.
Stanford General Collection
972.084 .T662

77. "Pancho Villa"
Collier's: The National Weekly
April 29, 1916.
Stanford General Collection
071 .C699

78. [John J. Pershing and Lt. James L. Collins]
[Photograph, n.d.]
Mexican Revolution Ephemera
Stanford Manuscripts Collection
M1744
Illustrated, page 49

79. "Mescalero Chiefs"
[Photograph, n.d.]
Hoover Institution Archives
Clarence Clemens Clendenen Papers, 1881–1968
Envelope B1

80. [Pancho Villa and two others on horseback]
Mexican Revolution: Photographs, ca. 1910–1920.
Stanford Manuscripts Collection
MSS Photo 205
Illustrated, page 77

81. [U.S. infantry troops]
[Photograph]
Winter, 1916–1917. Mexico.
Hoover Institution Archives
Fred L. Walker Papers, 1889–1969
Box 8

82. [U.S. infantry troops]
[Photograph]
Winter, 1916–1917, Ojo Federico, Mexico.
Hoover Institution Archives
Fred L. Walker Papers, 1889–1969
Box 8

83. [U.S. infantry troops]
[Photograph]
Winter, 1916–1917. San Joaquín, Mexico.
Hoover Institution Archives
Fred L. Walker Papers, 1889–1969
Box 8

84. "Where Villa Crossed the Border:
Crime and Punishment at Columbus"
Harper's Weekly
April 1, 1916.
Stanford General Collection
071 .H295

Mexico in the American Imagination
México en el imaginario norteamericano

85. *A Fortune in Mexico*
The Foster-Holcomb Mexican Colonization Co.
Kansas City: n.d.
Hoover Institution Archives
Bion Samuel Gregory Papers, 1881–2004
Box 20, Folder 3:31

86. W. H. Horne
[Dead soldiers]
[Postcard, n.d.]
Hoover Institution Archives
Bion Samuel Gregory Papers, 1881–2004
Box 20, Folder 5:17

87. "The Mexican Question in Cartoons"
The American Review of Reviews
June 1914.
Stanford General Collection
AP4 R37

88. *Nueva Galicia: A Subtropical Switzerland*
[n.p., n.d.]
Hoover Institution Archives
Bion Samuel Gregory Papers, 1881–2004
Box 20, Folder 3:20
Illustrated, page 39

89. John Reed
Insurgent Mexico
New York and London: D. Appleton
and Company, 1914.
Stanford Rare Books Collection
F1234 .R32 1914
Illustrated, page 61

90. John Reed
Revoliutsionnaia Meksika
Moskva: Sovremennye problemy, 1925.
Stanford General Collection
F1234 .R3217 1925
Illustrated, page 61

91. *Viva Zapata*
[Movie poster, n.d.]
John Steinbeck Movie and Theater Collection,
1937–2002
Stanford Manuscripts Collection
M1500

Stanford checklist 93

The Human Cost of War
El coste humano de la guerra

92. "Después de la batalla C[iudad] Juárez"
[Postcard, n.d.]
Mexican Revolution Ephemera
Stanford Manuscripts Collection
M1744

93. "Men Who Fought With Hand Bombs. Juarez"
[Postcard, n.d.]
Mexican Revolution Ephemera
Stanford Manuscripts Collection
M1744
Illustrated, page 78

94. [Venustiano Carranza and Álvaro Obregón]
[Photograph, n.d.]
Mexican Revolution: Photographs, ca. 1910–1920
Stanford Manuscripts Collection
MSS Photo 205
Illustrated, page 56

95. "Plano del ataque a Ciudad Juárez"
Crónica ilustrada: revolución mexicana
[México: Publex, 1966–1969]
Stanford General Collection
F1234 .C94 Vol.1

96. José Guadalupe Posada
Guerra en Ciudad Juárez
[Broadside]
México: Tip. A. Vanegas Arroyo, 1912.
José Guadalupe Posada Collection
Stanford Manuscripts Collection
M1238, Series 2, Box 4, Folder 1

97. José Guadalupe Posada
Episodios de la trágica guerra. Febrero de 1913
[Broadside]
[México: Tip A. Vanegas Arroyo, 1913].
José Guadalupe Posada Collection
Stanford Manuscripts Collection
M1238, Series 2, Box 3, Folder 30

Machinery of War | Maquinaria de guerra

98. *Collier's: The National Weekly*
June 13, 1916.
Stanford General Collection
071 .C699

99. ⌈Girl soldier with rifle⌋
⌈Postcard, n.d.⌋
Mexican Revolution: Photographs, ca. 1910–1920
Stanford Manuscripts Collection
MSS Photo 205
Illustrated, page 53

100. ⌈Men with remains of airplane⌋
⌈n.d.⌋
Mexican Revolution: Photographs, ca. 1910–1920
Stanford Manuscripts Collection
MSS Photo 205
Illustrated, page 52

101. ⌈Men examining rocket⌋
⌈n.d.⌋
Mexican Revolution: Photographs, ca. 1910–1920
Stanford Manuscripts Collection
MSS Photo 205

102. ⌈Military tank⌋
⌈n.d.⌋
Mexican Revolution: Photographs, ca. 1910–1920
Stanford Manuscripts Collection
MSS Photo 205
Illustrated, page 52

103. ⌈Soldier with wooden leg, n.d.⌋
Mexican Revolution: Photographs, ca. 1910–1920
Stanford Manuscripts Collection
MSS Photo 205
Illustrated, page 54

104. "U.S. Wireless Telegraph"
⌈Photograph, n.d.⌋
Hoover Institution Archives
Clarence Clemens Clendenen Papers, 1881–1968
Envelope B1- 68022-0. A.V.
Illustrated, page 53

Emiliano Zapata and his Legacy
Emiliano Zapata y su herencia

105. Jesús Barraza
"Mujer Zapatista"
⌈Print, silkscreen, n.d.⌋
Dignidad Rebelde: Art in Action.
Stanford Manuscripts Collection
MSS Prints 0350
Illustrated, page 79

106. ⌈Hugo Brehme⌋
⌈Emiliano Zapata⌋
⌈Photograph, n.d.⌋
Mexican Revolution Ephemera
Stanford Manuscripts Collection
M1744
Illustrated, page 79

107. *Emiliano Zapata*
⌈Movie poster, 1970⌋
Stanford Manuscripts Collection
MSS Prints 0366

Portrait of Emiliano Zapata by German photographer Hugo Brehme (1911). The image, from the well-known Casasola Photo Archive in Mexico, was for many years believed to have been taken by the Casasola brothers.
Stanford checklist 106

Silkscreen portrait of a Zapatista rebel by California artist Jesús Barraza. The Zapatista Army of National Liberation (*Ejército Zapatista de Liberación Nacional, EZLN*) has been fighting for indigenous rights in the southern Mexican state of Chiapas since 1994.
Stanford checklist 105

108. Manuel Peñafiel
Emiliano Zapata: un valiente que escribió historia con su propia sangre ... = Emiliano Zapata, a Brave Man Who Wrote History in His Own Blood ...
[Cuernavaca, Morelos, México]: M. Peñafiel, 2002.
Stanford General Collection
F1234 .Z37 P426 2002 F

109. [Amelio Robles]
[Photograph]
Como lo vieron los zapatistas
México, D.F.: Ediciones Tecolote, 2006.
Stanford General Collection
F1234 Z36 2006 F

110. José Guadalupe Posada
Las hazañas de Emiliano Zapata: nuevo corrido
[Broadside]
México: Imprenta de Vanegas Arroyo, n.d.
José Guadalupe Posada Collection
Stanford Manuscripts Collection
M1238, Box 6, Folder 12

Diaspora | Diáspora

111. Ernesto Galarza
Barrio Boy
Notre Dame [IN]: University of Notre Dame Press
[1971]
Stanford General Collection
E184 .M5 G3

112. Josefina Niggli
"Soldadera"
Mexican Folkplays
Chapel Hill: The University of North Carolina Press
[ca. 1938]
Stanford General Collection
812.4 .N68M

113. [Ernesto Nava Villa]
[Photograph, n.d.]
Courtesy of Raúl Nava Villa

114. [Family of Ester Hernandez]
[Photograph]
Aguascalientes, Mexico. ca. 1912
Courtesy of Ester Hernandez
Illustrated, page 58

115. [Grandmother and Aunt of Juan Felipe Herrera]
[Photograph]
El Paso, Texas, 1912
Courtesy of Juan Felipe Herrera Family
Image Archives 1890–2010
Illustrated, page 59

116. [Family of Sandra Ríos Balderrama]
[Photograph]
Tamaulipas, Mexico. ca. 1910s
Courtesy of Sandra Ríos Balderrama

117. "Refugees Awaiting Assignment to Camp. February 2, 1917"
[Postcard]
Mexican Revolution Ephemera
Stanford Manuscripts Collection
M1744
Illustrated, page 59

118. Harvey B. Schechter
[Typescript letter]
April 1, 1971
Ernesto Galarza Papers, 1973–1988
Box 1, Folder "Barrio Boy"
Stanford Manuscripts Collection
M0862

119. [Grandmother of Juan Felipe Herrera]
[Photograph]
El Paso, Texas, 1912
Courtesy of Juan Felipe Herrera Family
Image Archives 1890–2010
Illustrated, page 80

Stanford checklist 119